⟨e⟩ **命令法語幹**：直説法現在の活用に準ずる
　　　　　　　（例外は接続法現在に対応）

　　例外 **avoir** : aie, ayons, ayez
　　　　 être : sois, soyons, soyez
　　　　 savoir : sache, sachons, sachez
　　　　 vouloir : veuill...

語尾

⟨f⟩ 不定詞語尾： -er / -ir / -re / -oir の型がある

⟨g⟩ 現在分詞語尾： -ant ⇨ 語幹は nous -ons の - の部分

　　例外 être ⇨ étant　　avoir ⇨ ayant, *etc.*

⟨h⟩ 過去分詞語尾：次の5種類　-é / -i / -u(-û) / -s / -t

■ -é：-er 型ならびに **être** (été), **naître** (né)
■ 残り4種は語尾が -ir 型，-re 型，-oir 型のいずれか

⟨i⟩ 直説法現在語尾　（本書 p.37 参照）

　（avoir, être, aller, faire, dire を除く）

■ **e** 型：第1群規則動詞　-e・-es・-e / -ons・-ez・-ent
■ **s / t** 型：第2群規則動詞（不定詞語尾が -ir の動詞の大半）
　　-s・-s・-t / -ons・-ez・-ent
■ **s / －** 型：主に語幹が -d, -t で終わる動詞
　　-s・-s・－ / -ons・-ez・-ent
　例 **entendre** : il entend　**mettre** : il met
■ **x / t** 型：pouvoir / vouloir / valoir の3動詞
　　-x・-x・-t / -ons・-ez・-ent

⟨j⟩ 命令法語尾　 tu: -e / -s　nous: -ons　vous: -ez

■ -er 動詞 (tu -es), aller, ouvrir (tu -s) 等は直説法現在の"s"を削除する

⟨k⟩ 直説法半過去・直説法単純未来・条件法現在語尾：
　　全動詞共通 ⇨ 表の通り

⟨l⟩ 接続法現在語尾
　　⇨ 3人称単数で -t- となるのは avoir と être のみ

TOUTES MES FÉLICITATIONS!

HISAMATSU Ken'ichi

SURUGADAI-SHUPPANSHA

Illustration de la couverture: **studio PAQUI**
Design: dice

本書をお使いになる皆様へ

Le temps passe vite.

早いもので，『フェリシタシオン』（旧版）を刊行してから，15年の歳月が流れました．多くの読者に恵まれ，3訂版まで出ましたが，あれもこれもと文法事項を載せ，後半の語彙はレベルが高く，簡明さを欠いていた恨みがあり，このまま消えていくのが定めと思っていました．

ところが，そんな旧版への思わぬ応援の声が，数ヶ月前，届いたのです．フランスにいる知人や教員たちからです．いわく"よくできているよ！"
青天の霹靂！ 俄然やる気が湧きました．

C'est la pomme de Newton.

旧版と同じく仏検（実用フランス語技能検定試験）を視野に入れながら，あえて仏検を前面に出さずに新しいテキストを作る．それが目標になりました．目指すのは試験の合格ばかりではありません．学びのモチベーションを支える一つの柱として試験をうまく活用，日々の学びにメリハリを持たせ，フランス語の基礎を確実に，無理なく積み上げてゆく．そのための工夫は積極的に盛る．たとえば，最初の数課での発音されない文字の薄墨対応，「数詞（基数）の考え方」，「巻末単語帳」などで，本書の工夫の一端はお分りいただけると思います．

手書き文字（恩師・猪狩先生発案）も採用

Les écailles tombent de vos yeux.

フランス語を初めて学ぶとき，「英語での失敗は繰り返すまい」，多くの人がそう思うものです．使えるフランス語をものにする！ と心に誓いもします．ですが，文法は嫌い．そんな声が少なくない．

しかし，違います！ 基礎文法は学びに必須．きちんとした文法力を背景に，基本的な単語を覚え，基礎となる文章に馴じむ．音源を活用して，何度も音読する．そうすれば，間違いなく力はつきます．英語での苦いしくじりを繰り返さずに済むはずです．

本書が皆様の新しい学びを後押しする力となることを心から願っています．

2016年吉日　　著　者

Table des matières

*右側の数字（％）はその課が終了した時点で仏検に合格する可能性の予測を表したものです．

|5級|4級|3級|

Leçon 0　アルファベ，綴り字記号，発音の特色
　　　　　　主語人称代名詞，名詞の性・数，動詞
→ p.04　　基本会話の例

Leçon 1　Je suis française.
　　　　　　不定冠詞・定冠詞，動詞 être, avoir
→ p.08　　〔単母音字〕

Leçon 2　Est-ce que tu habites encore à Paris ?
　　　　　　第1群規則動詞，疑問文，否定文，部分冠詞
→ p.12　　〔複母音字〕

Leçon 3　Où allez-vous ?
　　　　　　動詞 aller, venir, 前置詞と定冠詞の縮約，on
→ p.16　　〔鼻母音字〕

Plus [1]　数詞（1～20），年齢・時間・日付，序数
　　　　　　覚えておきたい簡単な応答，曜日・季節・月
→ p.20　　〔e の発音に注意〕　　　　　　　　　　50%

Leçon 4　Tu as soif ?
　　　　　　形容詞，ne ... rien の否定，動詞 faire
→ p.24　　〔半母音字〕

Leçon 5　Qui est cette jeune fille ?
　　　　　　指示形容詞，所有形容詞，第2群規則動詞
→ p.28　　文の通常のイントネーション／〔子音字〕

Leçon 6　Quelle heure est-il ?
　　　　　　時計の図／疑問形容詞，命令法，非人称構文
→ p.32　　〔複子音字(他)〕　　　　　　　　　　　6月仏検

Plus [2]　疑問詞のマトメ（疑問副詞，疑問代名詞）
　　　　　　覚えておきたい動詞活用パターン
→ p.36　　　　　　　　　　　　　　　　　　　　85%

		5級	4級	3級

Leçon 7
→ p.40

À quelle heure tu te lèves en général ?
人称代名詞のマトメ，代名動詞
*音声について：これ以降の課の本文には「ゆっくりバージョン」は収録されていません．

Leçon 8
→ p.44

On ira au Louvre la semaine prochaine ?
単純未来，前未来，比較・最上級

99%

Leçon 9
→ p.48

Est-ce que tu as vu la belle fille qui est passée … ?
複合過去，関係代名詞

50%

Plus [3]
→ p.52

数詞（20〜）
仏検4級レベルの基本会話，中性代名詞

75%　50%

Leçon 10
→ p.56

Quand j'étais petit, j'allais souvent à la pêche …
半過去，大過去，受動態
動詞→名詞の語彙の対応

Leçon 11
→ p.60

Si tu étais riche, qu'est-ce que tu achèterais ?
条件法現在，条件法過去，現在分詞，
ジェロンディフ

99%　80%

11月仏検

Leçon 12
→ p.64

Attends, Claudine ! Il faut qu'on fasse la queue.
接続法現在，接続法過去

Plus [4]
→ p.68

過去分詞の性・数一致のマトメ，指示代名詞
不定法と動詞，所有形容詞

99%

Prime 1
→ p.72

逆配列動詞（直説法現在）のパターンチェック一覧

Prime 2
→ p.74

練習問題対応単語集＋巻末一覧

Leçon 0 *(zéro)*

① アルファベ (Alphabet)

A a [a]	B b [be]	C c [se]	D d [de]		
E e [ə]	F f [ɛf]	G g [ʒe]	H h [aʃ]		
I i [i]	J j [ʒi]	K k [ka]	L l [ɛl]	M m [ɛm]	N n [ɛn]
O o [o]	P p [pe]	Q q [ky]	R r [ɛːr]	S s [ɛs]	T t [te]
U u [y]	V v [ve]	W w [dubləve]	X x [iks]		
Y y [igrɛk]	Z z [zɛd]				

＊点線内は母音字（y はときとして子音字），それ以外は子音字です．

② 綴り字記号

é〔アクサン・テギュ〕été　　　　　　　à, è, ù〔アクサン・グラーヴ〕là, où

â, ê, î, ô, û〔アクサン・スィルコンフレックス〕âme, fenêtre

ë, ï〔トレマ〕naïf　　　　　　　　　　ç〔セディーユ〕leçon

-〔トレ・デュニオン〕arc-en-ciel　　　'〔アポストロフ〕c'est

③ 発音の特色

- 二重母音はありません．s<u>ai</u>son [sɛzɔ̃]，<u>oi</u>seau [wazo]，t<u>a</u>ble [tabl]
   （英語なら [téibl] となる．）
- 語末の子音字 c, r, f, l（<u>c</u>a<u>r</u>e<u>f</u>u<u>l</u> と覚える！）を除いて原則として発音されません．

  gran<u>d</u>, françai<u>s</u> / ave<u>c</u>, sœu<u>r</u>, neu<u>f</u>, anima<u>l</u>　（注意 blan<u>c</u>, cle<u>f</u>）

- 語末の e は発音しません．　　　　Madam<u>e</u>, salad<u>e</u>
- h は発音されません．〔無音の h〕　<u>h</u>omme, <u>h</u>iver
  　　　　　　　　　〔有音（気音）の h〕　<u>h</u>éros, <u>h</u>aut
- 前の語と続けて読みます．（リエゾン）　mes‿amis, un‿enfant
  　　　　　　　　（アンシェヌマン）　il⌢est, elle⌢a
- 母音字を省略します．（エリズィオン）　le ami ✕ ⇒ l'ami 〇

（L1〜L3の本文は薄い文字で対応）

Grammaire 0

① 主語人称代名詞

日本語の"ジュ"とは異なり，舌先をどこにもつけない

	単数	複数
1人称	je (j')	nous
2人称	tu	vous
	(vous)	
3人称	il	ils
	elle	elles
	on	

* tu は親子，兄弟，友人など親しい間柄で単数としてのみ用いられ，vous は「あなた」（敬称）という単数，「あなたがた」という複数のいずれでも用います．

* il(s), elle(s) は人だけでなく物にも用いられ「それ，それら」の意味をもちます．

* on はいろいろな人称の代用として使われます．
⇨ p. 17 参照

② 名詞の性・数

1) すべての名詞に性（男性・女性）があります．

名詞の性は本来固定しているが，職業・身分などをあらわす名詞では性の変化をおこなう

	〔自然の性〕				〔無生物〕			
男性	père	父親	garçon	少年	vélo	自転車	collier	ネックレス
女性	mère	母親	fille	少女	voiture	自動車	cravate	ネクタイ

* 自然の性（男性と女性）がある名詞は "男性形＋**e**" で女性名詞になります．
　ami 男友だち ⇨ amie 女友だち　　étudiant 男子学生 ⇨ étudiante 女子学生

2) 原則的に単数形に **s** をつけて複数をつくります．ただし，**s** は発音されません．
　garçon ⇨ garçons　　voiture ⇨ voitures　（注意 cadeau ⇨ cadeaux, *etc.*）

③ 動詞　主語の人称と時制に応じて原形（不定法 *inf.*）が活用されます．

| parler 不定法 (話す) |
| parl　語幹 |
| er　語尾 |

語尾変化（直説法現在形の場合）

je	–e / –s, x	nous	–ons
tu	–es / –s, x	vous	–ez
il	–e / (–t)	ils	–ent
elle	–e / (–t)	elles	–ent

⇨ Plus [2] 参照

* 辞書では，動詞は不定法（原形）が見出語です．文章中では各人称によって活用されますから，語尾をきちんと判断して不定法を探してください．
　例：J'*écoute* la radio. ⇨（辞書の見出し）**écouter**

Expression 0

🔴 **基本会話文の例（conversation）** 出会いの挨拶 / 別れの挨拶
5

Bonjour, Monsieur (Madame, Mademoiselle).	おはよう（こんにちは）
Bonsoir, Monsieur (Madame, Mademoiselle).	こんばんは（さようなら）
Salut !	やあ（じゃまた）
Comment allez-vous ? / Comment vas-tu ?	ご機嫌いかがですか
Vous allez bien ? / Tu vas bien ?	元気ですか
Ça va ?	元気？
Je vais très bien. / Ça va bien.	（とても）元気です
Merci (beaucoup).	ありがとう（どうもありがとう）
Je vous en prie. / Il n'y a pas de quoi. / De rien.	どういたしまして
S'il vous plaît. / S'il te plaît.	（依頼等）どうぞ；お願いします
Pardon. / Pardon ?	（謝る）ごめんなさい /（聞き返す）何ですって
Excusez-moi. / Excuse-moi.	すみません；申し訳ありません；失礼ですが

Au revoir.	さようなら
À demain.	また，明日
À tout à l'heure !	また，後ほど（一旦別れるときの挨拶）
À bientôt !	ではまた，近いうちに（別れの挨拶・手紙の結び）
Bonne journée !	良い一日を（お過ごしください）
Bonne soirée !	楽しい夜を；（夕方別れるときに）さようなら
Bonne nuit !	おやすみなさい

Exercices 0

1. CDを聴いてアルファベを書きとってください．

    1) _____ （フランス新幹線）

    実際に用いる際には多くのケースで定冠詞を添えて使う

    2) _____ （アメリカ合衆国）

    3) _____ （首都圏高速鉄道網）

    4) _____ （〈新聞などの〉連載漫画）

    5) _____ （フランス国有鉄道）

   * 略語によってはアルファベ読み（だけ）ではなく，たとえば「国際連合」ONU なら /oɛny/ とも，/ɔny/ とも読む．

2. CDを聴いて（　）内に適当な語句を書きいれましょう．

    1) —（　　　　　　　　）, Madame. （　　　　　　　　） allez-vous ?
       — Très bien, （　　　　　　　　）. Et （　　　　　　　　） ?

    2) —（　　　　　　　　）, Nadine. （　　　　　　　　） va ?
       — Oui, très bien.

    3) — Je vous remercie.
       — Je vous （　　　　　　　　） prie.

       Merci. よりも丁寧な表現

    4) —（　　　　　　　　）, Monsieur.
       — De rien.

Leçon 1 (un)

— Je suis française. Et vous ?
— Je suis japonais.

— Vous avez un dictionnaire ?
— Oui, voilà.

— Qu'est-ce que c'est ?
— C'est un ordinateur ;
 c'est l'ordinateur de Maurice.

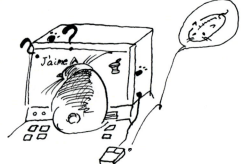

語彙 vocabulaire

- français,e　フランス人
- japonais,e　日本人
- dictionnaire　辞書
- ordinateur　コンピュータ，パソコン

表現 expression

- **Voilà**＋名詞 「あそこに … がある（いる）」（*cf.* Voici＋名詞）

  Voilà l'Arc de Triomphe.

  Voici Monsieur Durand, et voilà Madame Suzuki.

  * voici は話者に近く，voilà は離れたところを指しますが，会話では大半のケースで voilà が使われます．なお，Voilà. は相手に物品，お金などを手渡す際に単独でも用います．

- **Qu'est-ce que c'est ?** 「これはなんですか」 ⇒ 3課，Plus [2] 参照
  — C'est un (une) … / Ce sont des …　　「これは … です」
  — C'est le (la, l') … de 〜 / Ce sont les … de 〜　「これは〜の … です」

  Qu'est-ce que c'est ?　— C'est une cravate ; c'est la cravate de René.

  Qu'est-ce que c'est, « le buffet » ?　— C'est le restaurant de la gare.

Grammaire 1

① 不定冠詞と定冠詞

不定冠詞は，数えられる名詞に用いて，それが初めて話題になるケースで用いられ，「1つの，ひとりの（単数）」「いくつかの，何人かの（複数）」を示します．
定冠詞は，特定化されているものや人，あるいは総称を示します．

不定冠詞	男性名詞	**un** livre	**un** hôtel	**des** livres	**des** hôtels
	女性名詞	**une** revue	**une** école	**des** revues	**des** écoles
定冠詞	男性名詞	**le** livre	**l'**hôtel	**les** livres	**les** hôtels
	女性名詞	**la** revue	**l'**école	**les** revues	**les** écoles

* 定冠詞の単数形では母音字（または無音の h）ではじまる
名詞が来るとエリズィオンして **l'** になります．

「(写真入りの) 雑誌」magasine なら男性名詞

② être, avoir の直説法現在の活用

être

je **suis**	nous **sommes**
tu **es**	vous **êtes**
il **est**	ils **sont**
elle **est**	elles **sont**

avoir

j'**ai**	nous **avons**
tu **as**	vous **avez**
il **a**	ils **ont**
elle **a**	elles **ont**

- （国籍，職業など） Nous sommes français.
  Ils sont professeurs.
  Jeanne est maintenant à Paris.
- （所有，年齢など） Jean a une maison à Genève.
  Nous avons un chat et un chien.
  Il a dix-huit ans.

英語なら He is eighteen years old.

Exercices 1

* 注：**pp. 74–81** に「練習問題対応単語集」が載っています．

1. 次の文章に適当な冠詞（不定冠詞・定冠詞）をいれましょう．

    1) C'est _____ voiture de Paul.

    2) Qu'est-ce que c'est ?
       — C'est _____ école ; c'est _____ Université de Paris.

    3) Vous avez _____ amis à Paris ?

    4) Voici _____ fille de Pierre.

2. （　）内に être か avoir の直説法現在の活用を書きいれましょう．

    1) Il (　　　　　) étudiant.

    2) Elle (　　　　　) un chat.

    3) Ce (　　　　　) des livres. ただし，会話では名詞の単複にかかわらず C'est ... の形が使われるケースが大半

    4) Nous (　　　　　) anglaises.

    5) Tu (　　　　　) des amis ?

    6) Vous (　　　　　) 19 ans ?

🔊 3. CDを聴いて正しい絵 (a) か (b) を選びましょう.
12

1)　　　　　　　　　　　　　　2)
(a)　　　　　(b)　　　　　　(a)　　　　　(b)

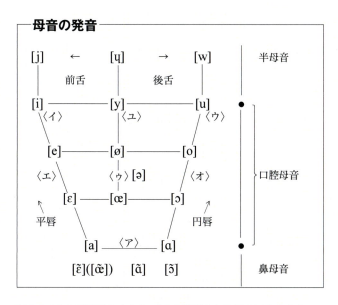

＊本は単数それとも複数？

```
┌─ 母音の発音 ─────────────────────┐
│                                                    │
│   [j]   ←   [ɥ]   →   [w]      半母音      │
│          前舌      後舌                         │
│   [i]ーーーー[y]ーーーー[u]                    │
│   〈イ〉    〈ユ〉    〈ウ〉                    │
│                                                    │
│   [e]ーーーー[ø]ーーーー[o]                    │
│   〈エ〉  〈ゥ〉[ə] 〈オ〉      口腔母音     │
│   [ɛ]ーーーー[œ]ーーーー[ɔ]                   │
│   平唇               円唇                        │
│          [a]ー〈ア〉ー[ɑ]                      │
│                                                    │
│      [ɛ̃]([œ̃])  [ɑ̃]  [ɔ̃]       鼻母音      │
└────────────────────────────────┘
```

＊[a] と [ɑ] の区別はなくなり, [a] と発音される傾向にあります.
　[œ̃] と [ɛ̃] は区別せず, もっぱら [ɛ̃] を使うフランス人が多いようです.

🔊 **単母音字**
13

a, à, â [a][ɑ]	papa, là, grâce
e [ə]	menu, demi
[無音]	vie, pipe
[e]	tennis, des
[ɛ]	cette, merci

é [e]	étudiant, café
è, ê [ɛ]	père, fête
i, î, y [i]	si, dîner, style
o, ô [ɔ][o]	votre, hôtel
u, û [y]	pur

Leçon 2 *(deux)*

— Est-ce que tu habites encore à Paris ?
— Non, j'habite à Nantes maintenant.

— Vous aimez la bière ?
— Oui, mais je préfère le vin.

— Minet mange-t-il du poisson ? ← 猫の名です
— Non, il ne mange pas de poisson.

Je n'aime pas le poisson.

語彙 vocabulaire

☐ habiter	住む	☐ encore	まだ	☐ maintenant	いま
☐ aimer	愛する	☐ bière	ビール	☐ préférer	〜を好む
☐ vin	ワイン	☐ manger	食べる	☐ poisson	魚

表現 expression

* 綴り字が -e でおわる国は
ほぼ例外なしに女性の国、
それ以外は男性の国

- S ＋ V (habiter) ＋

à	＋都市名
au	＋男性（国名）
en	＋女性（国名）
aux	＋複数（国名）

「S は〜に住んでいる」

Il habite à Marseille.　　　Marc et Monique habitent au Canada.
Elle n'habite pas en France.　　Tu habites aux États-Unis ?

詳しくは p.17

- **Je préfère A à B**「私は B より A が好きです」
Je préfère la mer à la montagne.

Grammaire 2

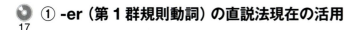

① **-er（第 1 群規則動詞）の直説法現在の活用**

parler

je parl**e**	nous parl**ons**
tu parl**es**	vous parl**ez**
il parl**e**	ils parl**ent**

aimer

j'aim**e**	nous aim**ons**
tu aim**es**	vous aim**ez**
il aim**e**	ils aim**ent**

* nous, vous を除いて語尾の綴り字は違っていても動詞の発音は同じです．
* préférer ⇨ je préfère, nous préférons / manger ⇨ nous mangeons

commencer → nous commençons

② **疑問文**　3つのパターンがあります．

1) Vous aimez le vin ?　　　　文末を上げるイントネーションで
2) Est-ce que vous aimez le vin ?　**Est-ce que (qu')** を文頭につけて
3) Aimez-vous le vin ?　　　　主語と動詞を倒置して
* Éric aime-t-il le vin ?　名詞主語は代名詞で受けて倒置（間に **-t-** を入れる）．

③ **否定文**　動詞を **ne … pas (jamais, plus)** などではさんで作ります．

| S＋ne (n')＋V＋pas (jamais, plus) |

「〜ない（けっして，もはや〜ない）」

Amélie aime la bière, mais Olivier **n'**aime **pas** la bière.
* 直接目的語につく不定冠詞・部分冠詞は否定文では **de (d')** になります．
  Avez-vous des enfants ?　— Non, je n'ai pas **d'**enfants.
* 限定「〜しかない」は，動詞を **ne … que (qu')** ではさみます．
  Nous **n'**avons **qu'**une fille.

ただし，定冠詞は変わりません

この変化は名詞の実在性がなくなるため（英語の some → any）

④ **部分冠詞**　数えられない名詞に用いて「若干量」「ある程度の」を表します．

男性名詞　　女性名詞

| **du (de l')** | **de la (de l')** |

Je mange **du** pain avec **de la** confiture.

du vin, du courage, de la bière, de la chance, de l'eau, de l'argent, *etc.*

Exercices 2

1. ( ) 内に ⇨ の動詞を直説法現在に活用していれましょう．

    1) Est-ce que vous (　　　　　) dimanche ?
        ⇨ travailler

    2) Papa et maman ne (　　　　　) pas là.
        ⇨ être ← これは -er 動詞ではありませんね

    3) Elle (　　　　) bien.
        ⇨ chanter

    4) Il (　　　　) des lunettes.
        ⇨ porter（身につけている） cf. mettre（身につける）

    5) Catherine (　　　　　) à Paris.
        ⇨ arriver

2. ( ) 内に不定冠詞，定冠詞あるいは部分冠詞をいれましょう．

    1) Nadia mange (　　　　　) viande.

    2) Avez-vous (　　　　　) sœurs ? ← o と e を合わせて œ とつづります

    3) Est-ce que vous aimez (　　　　　) sport ?

    4) Ils arrivent à (　　　　) école.

    5) Tu n'as pas (　　　　) courage.
        * du ではありません！ 否定文である点に注意！

3. CD を聴いて ( ) 内に適当な語句を書きいれましょう．

1) Je (　　　　　　　　) le café.　　*全て否定文の聞きとり

2) Elle (　　　　　　　　) de soupe.

3) Ils (　　　　　　　　) à Londres.

→ 外国語の地名をフランス風に直して使う例
→ London のこと
別例: Cologne, Milan etc.

4. CD を聴いて正しい応答を選びましょう．

1) (a) Si, il habite à Lyon.
　　(b) Non, il habite à Lyon.
　*否定疑問文の正しい応答はどっち？

2) (a) Oui, je mange du pain.
　　(b) Oui, j'aime le pain.
　*聞こえてくるのは manger それとも aimer ?

否定疑問文の応答　Si, Non で返答をします．
Vous n'êtes pas japonais ?　— Si, je suis japonais.
　　　　　　　　　　　　　— Non, je ne suis pas japonais.

複母音字

2つ以上の母音字が1単位となって1つの母音をあらわす

ai, aî, ei	[e][ɛ]	aimer, connaître, neige
au, eau	[o]	automne, bateau
eu, œu	[œ][ø]	peur, sœur / bleu, vœu
ou, où, oû	[u]	pour, où, goût
oi, oî	[wa]	moi, boîte

これをきちんと覚えないとフランス語は読めません！

Leçon 3 (trois)

21,22
— Où allez-vous ?
— Je vais au musée.

— On va voir un film ?
— Avec plaisir.

— Qu'est-ce que tu viens de faire ?
— Je viens de téléphoner à Michel.

語彙 vocabulaire

- ☐ aller　行く
- ☐ musée　美術館，博物館
- ☐ voir　見る
- ☐ film　映画
- ☐ avec plaisir　喜んで
- ☐ venir　来る
- ☐ faire　〜する
- ☐ téléphoner　電話する

23　表現 expression

- **Où … ?**「どこ」

  Tu habites où ?　　　　　　　　　— J'habite à Nice.
  Où est-ce que vous allez ?　　　— Je vais au cinéma avec Anne.

- **avec plaisir**「喜んで，いいですとも」

  Vous déjeunez avec nous ?　　　— Avec plaisir.
  Tu viens chez moi ?　　　　　　　— Volontiers.

- **Qu'est-ce que S＋V … ?**　⇨ 1課参照

  Qu'est-ce que tu aimes ?　　　　　　　— J'aime la musique de film.
  Qu'est-ce que vous mangez ce soir ?　— Nous mangeons une pizza.

Grammaire 3

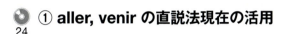

① aller, venir の直説法現在の活用

devenir, revenir も同じ活用

aller

je **vais**	nous **allons**
tu **vas**	vous **allez**
il **va**	ils **vont**
on **va**	

venir

je **viens**	nous **venons**
tu **viens**	vous **venez**
il **vient**	ils **viennent**
on **vient**	

Le train va de Paris à Lyon.　　Ils viennent du Canada.

Je vais à la banque.　　Je viens tout de suite.

Comment allez-vous ?　　Tu viens de la gare ?

1) 近い未来　**aller**＋*inf.*「～するだろう；～しようとしている」

　　Le train va arriver dans dix minutes.

　　cf.　Je vais chercher Louise à la gare.

2) 近い過去　**venir de**＋*inf.*「～したばかりです」

　　Le train vient juste d'arriver à Nice.

　　cf.　Je viens aider Louis.

② 前置詞 à・de と定冠詞（le, les）の縮約

à＋le ⇨ **au**	de＋le ⇨ **du**
à＋la [l'] (不変)	de＋la [l'] (不変)
à＋les ⇨ **aux**	de＋les ⇨ **des**

Nous venons du Japon.

Il va à la fac.

Elle va aux États-Unis.

③ On　常に主語として用いられ，動詞は 3 人称単数で活用します。

- （一般に）「人びとは」の意味で　　En France, on aime bien manger.
- 「だれかが」の意味で　　On frappe à la porte.
- 会話で「私たち（＝nous）」の意味で　　Qu'est-ce qu'on mange ?
- tu, vous の代用として　　On écoute ?

aimer (bien) ＋ *inf.*　～するのが好き

Exercices 3

1. 下記の語群のなかから（　　）内に入る最も適当な語句を選びましょう．

   1) Je vais (　　　　) fac.

   2) François et Marie vont (　　　　) États-Unis.

   3) On vient de boire (　　　　) bière au restaurant.
      * boire は「飲む」という意味の動詞．

   4) Véronique joue (　　　　) tennis le samedi.　⇨ スポーツをする

   5) Frédéric joue (　　　　) piano tous les jours.　⇨ 楽器を演奏する

   　　　　au　　à la　　aux　　du　　des　　une

2. （　　）内に ⇨ の動詞を直説法現在に活用していれましょう．

   1) Les Français (　　　　　) beaucoup le vin.
      　　　　⇨ aimer

   2) Elle (　　　　) d'acheter un cadeau pour Cédric.
      　　⇨ venir

   3) On (　　　　) voir un film ensemble ?
      　　⇨ aller

   4) Où (　　　　)-tu ?
      　　⇨ aller

   5) Vous (　　　　) à pied ?
      　　⇨ venir

「徒歩で」の意味
cf. en taxi「タクシーで」

3. CDを聴いて（　）内に適当な語句（動詞一語）を書きいれましょう.
   1) D'où (　　　　)-tu ?

   2) Qu'est-ce que vous (　　　　) faire ?

   3) Elles (　　　　) des croissants chaque matin.

> **D'où ... ?**「どこから」
> D'où venez-vous ? — Je viens du Japon.

4 CDを聴いて（　）内に適当な語句を書きいれましょう.
— Bonjour, Mireille. Tu (　　　　) où ?
— Bonjour, Alexis. Je vais (　　　　) cinéma. Tu (　　　　) avec moi ?
— Désolé, je n'ai pas le temps. Je (　　　　) préparer un examen de français.
— Oh, là là ! (　　　　) courage !
— (　　　　), à bientôt !

鼻母音字 （母音字＋m, n）

an, am, en, em	[ã]	anglais, lampe, encore, emmener
in, im, yn, ym	[ɛ̃]	vin, simple, synthèse, sympathique
ain, aim, ein, eim	[ɛ̃]	pain, faim, peinture, Reims
un, um	[œ̃]	lundi, parfum
on, om	[ɔ̃]	non, ombre

→ 口を縦の方向に開いて発音

→ [ɛ̃] は [アン] [エン] の中間の音に近い　口を横に広げて発音

cf. p.11

Plus [1]

① 数詞（1〜20）

1 un (une)　2 deux　3 trois　4 quatre　5 cinq
6 six　7 sept　8 huit　9 neuf　10 dix
11 onze　12 douze　13 treize　14 quatorze　15 quinze
16 seize　17 dix-sept　18 dix-huit　19 dix-neuf　20 vingt

② 数詞と年齢・時間・日付

- 年齢　J'ai dix-huit ans.　⇨ Quel âge avez-vous ?　⇨ 6課参照
- 時間　Il est six heures.　⇨ Quelle heure est-il ?　⇨ 6課参照
- 日付　Nous sommes (C'est) le 14 juillet. ⇨ Quelle date sommes-nous ?
- ＊曜日　On est mercredi.　⇨ On est quel jour ?

注意　① un an, deux ans（年齢）など母音が続くとリエゾンされます．
　　　② une heure（時間）に注意しましょう（heure は女性名詞です）．
　　　③ six, huit, dix, (cinq) は子音の前では語末の子音を発音しません．
　　　④ neuf, dix-neuf の f は ans, heures の前では [v] の音でリエゾンされます．

③ 序数　"基数＋ième" で作ります．

例　trois　→ troisième (3e)　huit → huitième (8e)

例外　un　→ premier (1er)　une → première (1ère)

　　　deux　→ deuxième あるいは second(e)

　　　quatre → quatrième　cinq → cinquième　neuf → neuvième

　　　— Je voudrais acheter un sac à main. C'est à quel étage ?
　　　— Au deuxième étage.
　　　＊je voudrais＋*inf*.「〜したい」

序数を用いる "階 étage" の表現に注意

Expression

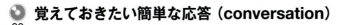

🔊 覚えておきたい簡単な応答（conversation）

「ありがとう」「どういたしまして」
— Merci beaucoup, Monsieur.
— Je vous en prie.

「お元気ですか」「元気です」
— Comment allez-vous ?　　　　　　— Ça va ?
— Je vais très bien, merci.　　　　　— Ça va (bien).

「コーヒーはいかがですか」「ええ，いただきます / いいえ結構です」
— Voulez-vous du café ?
— Volontiers. / Non, merci.

「名前はなんとおっしゃいますか」「田中一郎です」
— Comment vous appelez-vous ?
— Je m'appelle Tanaka Ichiro.

季節　春 le printemps　　夏 l'été　　秋 l'automne　　冬 l'hiver
　　　　春に au printemps　夏に en été　秋に en automne　冬に en hiver

曜日　月 lundi　　火 mardi　　水 mercredi　　木 jeudi　　金 vendredi
　　　　土 samedi　　日 dimanche

月　　1月 janvier　　2月 février　　3月 mars　　4月 avril
　　　　5月 mai　　6月 juin　　7月 juillet　　8月 août
　　　　9月 septembre　10月 octobre　11月 novembre　12月 décembre
　　　　＊ 何月に ⇨ en / au mois de …　　例 en mai / au mois de mai

＊ 日付を言うときは数字の前に定冠詞 le をつけます．ただし 1 日だけは序数を用いて le 1er（＝le premier）となります．
le 20 mars　3月20日　　　　　　　le 1er juin 2017　2017年6月1日
le jeudi 14 juillet　7月14日木曜日

Exercices [1]

1. CDを聴いて数字を書きとりましょう.
    1) (   )

    2) (   )

    3) (   )

    4) (   )

    5) (   )

聞きとりで盲点となりやすいのは《"six と dix"＋子音ではじまる名詞》、それに 11〜16 の数字です

2. CDを聴いて(   )内に適当な数字を書きいれましょう.
    1) Tu n'as pas (   ) euros ?

    2) J'ai (   ) ans.

    3) C'est aujourd'hui le (   ) mai.

    4) Nous arrivons à (   ) heures.

    5) (   ) timbres à (   ) euro, s'il vous plaît.

3. CDを聴いて正しい応答を選びましょう．
   *p. 21 の応答文がヒント

   1) (a) Je vous en prie.
      (b) Je vais très bien.

   2) (a) Excuse-moi.
      (b) Très bien, merci.

   3) (a) Oui, avec plaisir.
      (b) Oh, pardon !

   4) (a) Je m'appelle Sylvie Dupond.
      (b) Je vais bien, merci.

4. CDを聴いて（　）内に適当な語句を書きいれましょう．

   1) Nous sommes déjà (　　　　　).

   2) C'est le 10 (　　　　　).

   3) À (　　　　) !

   Nous sommes, c'est は季節や日付にも用います

e の発音に注意

1) 語末では無音　vie, salade
2) [ə]　　i　単音綴語末　le, me, ne
　　　　 ii　音綴末　　　demi, menu
3) [e][ɛ] 1), 2) 以外のケース（e＋子音字）　des, avec, elle

e [エ] とは読まない！

Leçon 4 *(quatre)*

🎧 35,36
— Tu as soif ?
— Non, mais j'ai faim.

— Il y a combien de pièces dans l'appartement de Daniel ?
— Il y a trois grandes pièces.

— Qu'est-ce que vous faites aujourd'hui ?
— Je ne fais rien.

語彙 vocabulaire

- ☐ soif　喉の渇き　　☐ mais　しかし　　☐ faim　空腹　　☐ pièce　部屋
- ☐ appartement　アパルトマン　　☐ grand, e　大きな　　☐ aujourd'hui　今日
- ☐ ne ... rien　何も〜ない

（pièce について）chambre とは違う

🎧 37
表現 expression

- **S + avoir**
  - faim　「空腹である」　Vous avez faim ?
  - soif　「喉が渇いた」　J'ai soif.
  - chaud　「暑い」　J'ai très chaud.
  - froid　「寒い」　J'ai un peu froid.
  - sommeil　「眠い」　Vous avez encore sommeil ?

- **Combien de ＋ 名詞 ... ?**　（英語の how many, how much に相当）
  Combien d'enfants avez-vous ?　— Je n'ai pas d'enfants.

- **il y a の構文**　「(場所に) ... がある」（英語の there is, there are に相当）
  Il y a une voiture de sport dans le garage.
  Y a-t-il une pharmacie près d'ici ?　（il y a の倒置形）

Grammaire 4

① **形容詞の性・数**　修飾する名詞（代名詞）の性・数によって形を変えます．

	単　数	複　数
男性	—	—s
女性	—e	—es

	単　数	複　数
男性	grand	grands
女性	grande	grandes

1) 原則として「名詞＋形容詞」の語順になります．

　　un pull-over noir,　une chemise noire

　　des pantalons noirs,　des robes noires

2) よく使われる形容詞（grand, petit, beau 等）は名詞の前に置かれます．

　　un beau garçon, une belle fille, de beaux yeux, de belles jambes

　　＊des（不定冠詞複数）＋複数形容詞＋複数名詞のとき，不定冠詞は **de** に変わります．

② **否定の ne … rien (personne)**

Pauline est malade ; elle ne mange rien.

Il n'y a personne dans la salle d'attente.

> quelque chose → rien
> quelqu'un → personne

⇨ p. 40 参照

③ **faire の直説法現在の活用**

faire

je **fais**	nous **faisons**
tu **fais**	vous **faites**
il **fait**	ils **font**
on **fait**	

＊nous faisons の発音に注意

Qu'est-ce que tu fais aujourd'hui ?　　— Je vais au bureau.

Qu'est-ce que vous faites (dans la vie) ?　— Je suis infirmière.

Elle va faire la cuisine (les courses / le ménage / la vaisselle).

Exercices 4

1. 日本語に合うように（　）内の語句を並べかえましょう．

   1) お仕事はなんですか？（dans, faites, vous）
      Qu'est-ce que _____ la vie ?

   2) ニコラは大きなアパルトマンに住んでいます．（un, appartement, grand）
      Nicolas habite dans _____.

   3) 父は赤いネクタイを探しています．（rouge, une, cravate）
      Mon père cherche _____.

   4) レナはきれいな目をしています．（yeux, beaux, de）
      Léna a _____.

   5) 私はお腹がすいていない．（pas, faim, n'ai）
      Je _____.

   6) 教室には誰もいません．（a, personne, n'y）
      Il _____ dans la classe.

   7) 兄弟は何人ですか？（avez, frères, de）
      Combien _____-vous ?

   8) マノンは3つの外国語を話します．（étrangères, trois, langues）
      Manon parle _____.

🔊 39

形容詞の女性形（男性形 → 女性形）

- —   → —e   petit   → petite
- —el → —elle   naturel → naturelle
- —eux → —euse   heureux → heureuse
- —f   → —ve   naïf   → naïve
- —er → —ère   étranger → étrangère
- —on → —onne   bon   → bonne
- —ien → —ienne ancien   → ancienne

2. CDを聴いて説明文として正しい絵 (a) か (b) を選びましょう．

1)　　　　　　　　　　　　2)
(a)　　　　(b)　　　　　(a)　　　　(b)

＊ sur [syr]　～の上に
⇔ sous [su]　～の下に

3. CDを聴いて正しい応答を選びましょう．

1) (a) Oui. De l'eau, s'il vous plaît.
   (b) Oui. Du pain, s'il vous plaît.

2) (a) Elle aime l'argent.
   (b) Elle travaille dans une banque.

3) (a) J'ai deux enfants.
   (b) Non, j'ai un enfant.　　Oui, Non で答えられる質問ですか？

半母音字

i ＋母音	[j–]	avion, piano
u ＋母音	[ɥ–]	huit, puis
ou ＋母音	[w–]	oui, ouest
ay ＋母音	[ɛj–]	crayon, payer
oy ＋母音	[waj–]	moyen, royal

Leçon 5 (cinq)

— Qui est cette jeune fille ?
— C'est ma sœur.

— Quand est-ce que votre frère finit ce travail ?
— Je ne sais pas.

— Pourquoi tu pleures ?
— Parce que maman n'est pas là.

語彙 vocabulaire

- ☐ jeune fille （未婚の）若い女性 ☐ sœur 姉（妹） ☐ frère 兄（弟）
- ☐ finir 終える ☐ travail 仕事 ☐ savoir 知っている
- ☐ pleurer 泣く ☐ maman ママ ☐ être là ここにいる，在宅している

表現 expression

- **Qui … ?**「誰が，誰を」 ⇨ Plus [2] 参照

    Qui (Qui est-ce qui) vient avec nous ?
    Qui cherchez-vous (Qui est-ce que vous cherchez) dans cette foule ?
    Qui est cet homme ?
    De qui parles-tu ?   → parler de＋人 "(人) について話す"

- **Quand … ?**「いつ」

    Elle arrive quand ?   — Je ne sais pas.
    Depuis quand êtes-vous en France ?   — Depuis le 1er juin.   → 日付の前につく定冠詞

- **Pourquoi … ?**   — **Parce que …**「なぜ」「なぜなら」

    Pourquoi est-elle absente aujourd'hui ?   — Parce qu'elle est malade.

Grammaire 5

① 指示形容詞　「この，その，あの」などを意味する形容詞

男性単数	女性単数	複数（男・女）
ce garçon (**cet** ami)	**cette** fille　**cette** amie	**ces** garçons　**ces** filles

② 所有形容詞　名詞の所有者「〜の」を指す語（英語の所有格に相当）

mon père	**ma** mère (**mon** amie)	**mes** parents
ton mari	**ta** femme (**ton** amie)	**tes** sœurs
son oncle	**sa** tante (**son** amie)	**ses** frères
notre fils,　**notre** fille		**nos** enfants
votre neveu,　**votre** nièce		**vos** amis
leur cousin, **leur** cousine		**leurs** grands-parents

＊ son, sa, ses には，英語の his, her の区別はありません．したがって，たとえば son ami は文脈に応じて「彼の友人」「彼女の友人」いずれの意味にもなります．

③ –ir（第2群規則動詞）の直説法現在の活用

finir

je fin**is**	nous fin**issons**
tu fin**is**	vous fin**issez**
il fin**it**	ils fin**issent**
on fin**it**	

複数の語幹末に -iss- のつづりを用いるのが特徴

＊ choisir, réussir, agir, *etc*.

Aujourd'hui, notre cours finit à midi.

Elle choisit une robe verte pour la soirée.

Exercices 5

1. 次の質問に対する正しい応答を選びましょう.

    1) Qui est-ce ?　　　　　(a) C'est un ami, Jean.
    　　　　　　　　　　　　(b) C'est samedi.

    2) Quand arrivons-nous à la gare ?
    　　　　　　　　　　　　(a) Par le train.
    　　　　　　　　　　　　(b) Dans dix minutes.

    3) Vous n'aimez pas le café ?
    　　　　　　　　　　　　(a) Oui, j'aime le café.
    　　　　　　　　　　　　(b) Non, je n'aime pas le café.

    4) De qui parlez-vous ?
    　　　　　　　　　　　　(a) Je parle de nos amis.
    　　　　　　　　　　　　(b) Je parle de mon avenir.

2. (　　) 内に ⇨ の動詞を直説法現在で活用させて入れましょう.

    1) Je ne (　　　　　) pas.
    　　⇨ savoir   ← 第2群規則動詞ではない

    2) Nous ne (　　　　　) pas notre repas.
    　　⇨ finir

    3) Qu'est-ce que vous (　　　　　) comme boisson ?
    　　⇨ choisir

    4) Nous (　　　　　) un sandwich.
    　　⇨ manger

    5) Elle (　　　　　) souvent sans réfléchir.
    　　⇨ agir

3. CDを聴いて（　）内に適当な語句を書きいれましょう．

1) (　　　　　) fille vient du Japon ?

2) Est-ce que tu penses à (　　　　　　) fiancée ?

3) Il (　　　　　) de réparer (　　　　　　) voiture.

4) Elle (　　　　　) (　　　　　　) cousin.

5) (　　　　　　) es-tu pressé ?

文の通常のイントネーション

平叙文　低いところから上げて最後は下げる．
　Paul danse bien.

疑問文　文末を上げて読む．
　Ça va ?

命令文　高いところから下げて読む．
　Allez-y !

感嘆文　高い調子で読む．
　Magnifique !

子音字

c	[k] + **a, o, u**	café, école, cuisine
	[s] + **e, i, y**	cela, cigarette, cycle
ç	[s]	leçon, français
g	[g] + **a, o**	garçon, gomme
	[ʒ] + **e, i, y**	neige, régime, gymnastique
gu	[g] + **i, e**	guitare, langue
h	[無音] ● 無音の **h**	homme, habiter
	● 有音（気音）の **h**	héros, haut
s	[s]	salon, esprit
	[z]	saison, rose（母音＋s＋母音）

31

Leçon 6 (six)

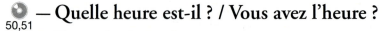

— Quelle heure est-il ? / Vous avez l'heure ?
— Il est dix heures et quart.

— Quel temps fait-il aujourd'hui ?
— Il fait beau.

— Tiens, voilà la pluie ! Ferme la fenêtre.
— Oui, oui, tout de suite.

語彙 vocabulaire

- ☐ heure 時間   ☐ temps 天気   ☐ beau 晴れた   ☐ Tiens (Tenez) おや, ほら
- ☐ pluie 雨   ☐ fermer 閉める   ☐ fenêtre 窓   ☐ tout de suite すぐに

表現 expression

● 時間　Quelle heure est-il ? / Vous avez l'heure ?「何時ですか」

Il est une heure.
Il est deux heures et quart.
Il est trois heures et demie.
Il est quatre heures moins le quart.
Il est midi (minuit).
Il est quinze heures trente.

● 天候　Quel temps fait-il ?「どんな天気ですか」

Il fait beau.　　Il fait mauvais.
Il fait chaud.　　Il fait froid.
Il pleut.　　Il neige.

Grammaire 6

① **疑問形容詞**　「どんな，どれ，なんの」の意味をあらわす．

男性単数	女性単数	男性複数	女性複数
quel	quelle	quels	quelles

＊発音はすべて同じです．

√Quel＋名詞＋V−S ?　　　　√Quel＋{est / sont}＋S ?

Quel âge avez-vous ?　　　Quelle est votre nationalité ?

＊感嘆文にも用います．

Quelle chaleur !　　　　Quels beaux bijoux !

② **命令法**　命令法は原則として直説法現在の活用から作られます．

	marcher	aller	avoir	être
[tu]	marche	va	aie	sois
[nous]	marchons	allons	ayons	soyons
[vous]	marchez	allez	ayez	soyez

＊2人称単数 (tu) で，−er 動詞 (aller を含む) では語末の **s** を削ります．
＊1人称複数 (nous) に対応する形は「〜しましょう」(英語の Let's) の意味です．

D'abord, finissons nos devoirs et après, allons jouer au tennis.

Ne marchez pas si vite.

③ **時間・天候以外の非人称表現の例**

Il y a beaucoup de monde au bord de la mer.　⇨ 4課 / p. 75 参照

Il faut partir demain matin.　⇨ falloir

Il n'est pas nécessaire de réserver.

Il は通常3人称男性単数の主語だが，非人称（中性単数）としても用いられる

大勢の人びと

Exercices 6

1. 1)～4) の絵の説明として正しいものを (a)～(c) から選びましょう．

   1)

   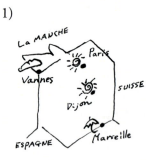

   (a) À Dijon, il fait beau.
   (b) À Dijon, il fait mauvais.
   (c) À Dijon, il pleut.

   2)

   (a) Il est quatre heures et quart.
   (b) Il est quatre heures moins le quart.
   (c) Il est quatre heures et demie.

   3) *申し訳ない．イラストが今ひとつですが,「人を招き入れています」．

   (a) Ne fumez pas.
   (b) Marchons vite.
   (c) Entrez, s'il vous plaît.

   4)

   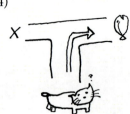

   (a) Continuez tout droit.
   (b) Tournez à droite.
   (c) Tournez à gauche.

2. (　　) 内の語句を適当な順番に並べかえましょう.

　　1) _____-vous ?
　　　　　　　(couleur, quelle, aimez)

　　2) _____ bientôt.
　　　　　　　(va, il, neiger)

　　3) _____ si vite.
　　　　　　　(marche, ne, pas)

　　4) Il est huit heures _____.
　　　　　　　　　　　　　　(le, moins, quart)

3. CD の会話を聴いて (　　) 内に適当な語句を書きいれましょう.

— Pardon, Monsieur. Vous avez (　　　　　　) ?
— Désolé, je (　　　　　　) le temps maintenant, Mademoiselle.
— Pardon ? J'ai dit, « (　　　　　　) est-il ? »
— Ah, excusez-moi. Je me suis trompé ! Il est (　　　　　　) et demie.
— Merci, Monsieur.
— De (　　　　　　), Mademoiselle.

→ 間違えました！

⇨ 複合過去 J'ai dit, Je me suis trompé については 9 課参照

複子音字 (他)

ch	[ʃ]	chanson, marché		**qu**	[k]	qui, musique
	[k]	chrétien, chœur		**ill**	[ij]	famille, billet
gn	[ɲ]	signal, montagne		**ail**	[aj]	travail, Versailles
ph	[f]	photo, philosophie		**eil**	[ɛj]	soleil, veiller
th	[t]	thé, méthode		**euil**	[œj]	fauteuil, feuille

Plus [2]

疑問詞のマトメ

① 疑問副詞

Comment allez-vous ?   — Je vais très bien.

Comment vous appelez-vous ?   — Je m'appelle Paul Durand.

Tu pars à Paris **quand** ?   — Demain matin.

Où habite-t-elle ?   — Elle habite en banlieue.

Vous avez **combien de** cours de français aujourd'hui ? — Deux cours.

Pourquoi aimes-tu ce film ?   — Parce que j'aime l'acteur principal.

② 疑問代名詞

ここはなし！

	主語	直目・属詞	前置詞＋
人	qui qui est-ce qui	qui qui est-ce que	qui
物	qu'est-ce qui	que qu'est-ce que	quoi

こんな覚え方はいかが？？
Qui …誰が，誰(を)
Que …何(を)

Qui (Qui est-ce qui) vient avec toi ?

Qui aime-t-il ? / Qui est-ce qu'il aime ?

À qui téléphonez-vous ?

De qui parlez-vous ?

Qu'est-ce qui ne va pas ?

Que faites-vous ? / Qu'est-ce que vous faites ?

À quoi pensez-vous ?

Tu parles de quoi ?

Expression

覚えておきたい動詞活用のパターン　（表見返し参照）

　直説法現在形については être, avoir, parler, finir, faire, aller, venir などをこれまで学習しました．これ以外に，現在形の活用で仏検5級（主に選択問題）や4級（活用を書かせる問題）で出題される頻度の高い代表的な動詞は以下の通りです．

　＊ prendre, mettre, vouloir, plaire, croire, pouvoir, *etc.*

直説法現在の活用について（avoir, être, aller, faire, dire を除く）

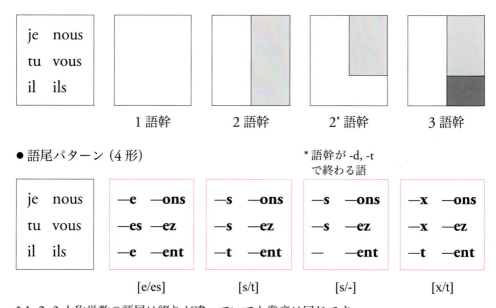

* 1, 2, 3人称単数の語尾は綴りが違っていても発音は同じです．
* 複数の活用語尾は共通しています．

● 上記の動詞の活用をパターン分類すると以下のようになります． ⇨ Prime 1 参照

　　prendre　3-s/-　　　je prends, nous prenons, ils prennent (= apprendre)

　　mettre　2-s/-　　　je mets, nous mettons

　　vouloir　3-x/t　　　je veux, nous voulons, ils veulent

　　plaire　2-s/t(*)　　je plais, nous plaisons　　(*) il plaît

　　croire　2'-s/t　　　je crois, nous croyons

　　pouvoir　3-x/t　　　je peux, nous pouvons, ils peuvent (Puis-je)

Exercices [2]

 1. CDを聴いて正しい応答を選びましょう．

1) (a) Il est onze heures.
   (b) Oui, je suis libre.

2) (a) Je m'appelle Mika Kanazawa.
   (b) Ça va bien.

3) (a) Je vais à Tokyo avec mon ami.
   (b) Je vais à Tokyo vers midi.

2. （　）内にいれるべき最も適当なものを1〜3から選びましょう．

 * 仏検5級の出題形式です（前頁の語尾パターンが理解できていれば解答できます）．

1) Elle (　　) du café.
   1　prends　　2　prend　　3　prennent

2) (　　)-vous cette robe rouge ?
   1　Mets　　2　Met　　3　Mettez

3) Il (　　) une lettre à ses parents.
   1　écris　　2　écrit　　3　écrivez

4) Nous (　　) un voyage.
   1　fait　　2　faisons　　3　faites

5) Tu (　　) ce grand arbre là-bas ?
   1　vois　　2　voit　　3　voient

3. 日本文にあわせて（　）内に下記の語群から適当な動詞を選び，それを適当な形に活用させましょう．

　1) 夕方8時までにはこの仕事を終えましょう．
　　（　　　　　　）ce travail avant huit heures du soir.

　2) 飲み物はなににしますか？
　　Qu'est-ce que vous (　　　　　　) comme boisson ?

　3) あなたはフランソワーズとは古くからの知り合いですか？
　　Est-ce que vous (　　　　　　) Françoise depuis longtemps ?

　4) カフェオレをください．
　　Un café au lait, s'il vous (　　　　　　).

　5) もう少しコーヒーはいかがですか？
　　(　　　　　　)-vous encore du café ?

　6) この服を試着してもいいですか？
　　Est-ce que je (　　　　　　) essayer ce vêtement ?

　　connaître　　finir　　plaire　　pouvoir　　prendre　　vouloir

4. 次の 1)～5) で下線部の発音が違うものを選びましょう．

　1)　**1** après　　**2** semaine　　**3** place　　**4** merci
　2)　**1** chaud　　**2** gros　　**3** rouge　　**4** bateau
　3)　**1** blanc　　**2** avec　　**3** public　　**4** lac
　4)　**1** chose　　**2** classe　　**3** course　　**4** place
　5)　**1** important　　**2** jardin　　**3** main　　**4** image

Leçon 7 (sept)

— À quelle heure tu te lèves en général ?
— Moi, je me lève vers huit heures, parce que j'ai des cours le matin. Mais le week-end, je reste au lit jusqu'à midi. Après le petit déjeuner, je me recouche tout de suite.
— Tu passes ton temps à dormir comme un chat, n'est-ce pas ?
— Oui, je deviens un chat tous les week-ends.

表現 expression

- **quelque chose**「なにか」
  quelqu'un「だれか」
  quelque part「どこか」

  Quelque chose à déclarer ?　— Non rien, Monsieur.
  Quelqu'un frappe à la porte.
  Vous avez mal quelque part ?

前置詞の用法 (1)

à	1) 場所・時間	(〜へ，に [で])	aller au Japon / à trois heures
	2) 所属・手段	(〜の，によって)	C'est à moi. / aller à pied
	3) 用途・対象	(〜のために，に)	une tasse à thé / téléphoner à Jean
	4) + *inf.*	(〜すべき，すること)	Tu as des questions à poser ?
de	1) 所属・用途	(〜の，用の)	la voiture de Marie / salle de bain(s)
	2) 起点・原因	(〜から，で)	venir du Canada / mourir de faim
	3) 材料・中身	(〜[製] の)	une terrine de foie gras / un verre de vin
	4) + *inf.*	(〜すること)	N'oublie pas de fermer le gaz.

Grammaire 7

① 人称代名詞のマトメ

🔘 60

主語	直接目的	間接目的	強勢形
je	me (m')		moi
tu	te (t')		toi
il	le (l')	lui	lui
elle	la (l')	lui	elle
nous	nous	nous	nous
vous	vous	vous	vous
ils	les	leur	eux
elles	les	leur	elles

（間接目的には）前置詞àを含む語を対象として用いる

補語人称代名詞（直接目的・間接目的）
＊動詞の前に置きます．

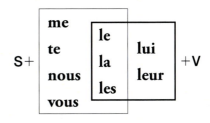

Je donne cette rose à Jeanne. （直接目的語 / 間接目的語）

⇒ Je **la** donne à Jeanne.

⇒ Je **lui** donne cette rose.

⇒ Je **la lui** donne.

＊強勢形はたとえば以下のような場合に用います．

Moi, j'aime le café. / C'est moi. / Elle va au cinéma avec lui.

② 代名動詞の直説法現在形の活用

se lever

je	me	lève	nous	**nous**	**levons**
tu	te	lèves	vous	**vous**	**levez**
il	se	lève	ils	se	lèvent
elle	se	lève	elles	se	lèvent
on	se	lève			

＊ se の直接目的, 間接目的に注意しましょう．

- 再帰的　　Elle se couche avant minuit.　　Elle se lave les mains.
- 相互的　　Ils se regardent (l'un l'autre).　　Ils se téléphonent souvent.
- 受動的　　Cette porte se ferme toute seule.
- 本質的　　Tu te souviens de ton enfance ? (se moquer de, se dépêcher, *etc.*)

Exercices 7

1. 日本文に対応するフランス語の文が記してあります．（　）内に入れるのに最も適当な動詞を下記の語群から選び必要な形で書きいれましょう．

   1) 一緒に庭を散歩しませんか？
      Vous voulez (　　　　　　　　) avec moi dans le jardin ?

   2) この絵はどうも気に入らない．
      Ce tableau ne me (　　　　　　　　) pas beaucoup.

   3) 私はコーヒーより紅茶が好きです．
      Je (　　　　　　　　) le thé au café.

   4) 毎週土曜日，彼女は5時頃起床します．
      Elle (　　　　　　　　) vers cinq heures tous les samedis.

      le samedi とも言う

   5) 君は何時に寝ますか？
      À quelle heure (　　　　　　　　)-tu ?

   　　　plaire　préférer　se coucher　se lever　se promener

2. 文頭に続けて 1)〜5) の **1〜4** を適当な順番に並べましょう．

   1) Je   **1** la   **2** pas   **3** connais   **4** ne   [.]

   2) Elle   **1** lui   **2** son   **3** adresse   **4** donne   [.]

   3) Je suis   **1** vous   **2** de   **3** heureux   **4** connaître   [.]

   4) Il va   **1** en   **2** au   **3** bureau   **4** voiture   [.]

   5) Elles   **1** vers   **2** se   **3** couchent   **4** dix heures [.]

3. （　）内に入れるのに最も適当なものを **1〜3** から選びましょう．

   1) Vous pouvez me prêter ce dictionnaire électronique ?
      — Oui, je peux te (　　) prêter.
      1 le　　　**2** lui　　　**3** vous

   2) Qui est là ?
      — C'est (　　).
      1 me　　　**2** moi　　　**3** qui

   3) Vous ressemblez à votre père ?
      — Non, je ne (　　) ressemble pas beaucoup.
      1 eux　　　**2** le　　　**3** lui

   4) Vous n'aimez pas cette musique ?
      — Si, elle (　　) plaît beaucoup.
      1 la　　　**2** le　　　**3** me

   5) Je prends le train de six heures demain matin.
      — C'est vrai ? Alors, couche-(　　) tôt.
      1 moi　　　**2** toi　　　**3** vous

> 61　肯定命令文の補語人称代名詞の位置は「動詞−直接目的−間接目的」の語順．
>   Donne cette poupée à ta sœur. ⇨ Donne-**la-lui**.
> * me, te は肯定命令文では moi, toi になります．
>   Donnez-**moi** un paquet de cigarettes, s'il vous plaît.

4. （　）内に適当な前置詞 **à, au, de, du** を入れましょう．

   1) (　　) quelle couleur est sa voiture ?
   2) Mon père travaille du matin (　　) soir.
   3) Il va (　　) pied jusqu'au centre-ville.
   4) Pierre est (　　) Midi.　＊Midi と midi を混同しないで．
   5) Moi, je suis sûr (　　) réussir.

Leçon 8 *(huit)*

— On ira au Louvre la semaine prochaine ?
— Volontiers. Mais, pour aller au Louvre, on devra prendre le métro, n'est-ce pas ?
— Oui, pourquoi ? Tu n'aimes pas prendre le métro à Paris ?
— Non. C'est plus pratique que le métro au Japon, mais, à mon avis, c'est moins propre et moins sûr, donc …
— Donc, tu n'aimes pas le métro parisien ?
— Non, pas du tout.

表現 expression

- **à mon avis**「私の考えでは」　　*cf.* Je pense [crois, trouve] que …

  Qu'est-ce que ça veut dire, à votre avis ?

  Je pense que vous avez tort.

  Je crois qu'elle viendra tout de suite.

  Je trouve qu'il est sympathique.

  vouloir dire ～
  「(物が主語で)～を意味する」

- **pas du tout**「全然～ない」

  Tu aimes l'alcool ?　— Non, pas du tout.

  Il n'y a plus du tout de vin dans le frigo.

前置詞の用法 (2)

en	（場所・時間・様態等）	en France, en avril, en avion
dans	（場所・期間等）	dans le jardin, dans un an
pour	（目的・方向・宛て先等）	l'art pour l'art, pour Londres, pour vous
avec	（～とともに）⇔ **sans**	avec nos amis, sans sucre
sur	（～の上に）⇔ **sous**	sur la table, sous le pont Mirabeau

Grammaire 8

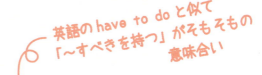

● ① **直説法単純未来**

1) 語尾　すべての動詞に共通で，"**r＋avoir** の直説法現在の活用語尾".

je	—**rai**	nous	—**rons**
tu	—**ras**	vous	—**rez**
il	—**ra**	ils	—**ront**

- –er, –ir は原則として不定法からつくれます．
  parler ⇨ je parlerai　　finir ⇨ je finirai
- 特殊な語幹を持つものがあります．
  avoir ⇨ j'aurai　　être ⇨ je serai
  aller ⇨ j'irai　　faire ⇨ je ferai, *etc.*

2) 用法　① 未来における行為・状態を表します．J'aurai 21 ans l'année prochaine.
　　　　② 軽い命令 (2人称)，助言を表します．Tu partiras demain matin.
　　　　　＊命令法よりもやわらかな語調．

② **直説法前未来**　未来のある時点で完了している行為・状態を表します．
助動詞（avoir, être）の直説法単純未来＋過去分詞

Quand j'aurai fini mes devoirs, j'irai te voir.

avoir と être の区別は P.49（複合過去）に準じる

③ **形容詞・副詞の比較級・最上級**

1) 比較級

優等　**plus**　⎫
同等　**aussi**　⎬　＋ 形容詞（副詞）＋ que …
劣等　**moins**　⎭

　　Il est plus grand que moi.

　　Louise est aussi jolie qu'une poupée.

　　Paul parle moins vite que son grand-père.

＊特殊な比較級に注意　plus bon(ne) ⇨ meilleur(e)，plus bien ⇨ mieux

2) 最上級

定冠詞 (le, la, les) ＋ ⎰**plus**⎱ ＋ 形容詞 ＋ de …　　副詞は定冠詞 **le**
　　　　　　　　　　⎱**moins**⎰

　　Raymond est le plus grand de nous tous.

　　On partira le plus tôt possible.

Exercices 8

1. 下記の日本語に合うように（　　）内の語を並べかえましょう．

   1) サラは妹よりもダンスが上手です．
      Sarah _____ sœur.
      　　　　　　　(mieux, que, sa, danse)

   2) 世界で一番高い山はなんですか？
      Quelle est _____ du monde ?
      　　　　　　　(plus, montagne, haute, la)

   3) パリでは，冬が最もしのぎにくい季節です．
      À Paris, l'hiver est _____.
      　　　　　　　(saison, agréable, la moins, la)

   4) 今晩私に電話をくださいね．
      Tu _____ téléphone ce soir.
      　　　　　　　(un coup, me, donneras, de)

   5) 彼女は一両日中にルーアンを発つでしょう．　　単純未来は「現在とかけ離れた未来」を表現
      Elle _____.
      　　　　　　　(Rouen, demain, quittera, d'ici)

   6) 彼はクラスで一番できる学生です．
      C'est _____ la classe.
      　　　　　　　(étudiant, le, de, meilleur)

   7) 列車は10分後に到着します．　　近接未来は「現在と密につながった未来の事象」を表す
      Le train _____.
      　　　　　　　(dix minutes, arriver, va, dans)

2. ( ) に ⇨ で指示された動詞を適当な形に活用させましょう．

   1) 姉は3時ごろ北京に着くでしょう．

      Ma sœur (　　　　　) à Pékin vers trois heures. ⇨ arriver

   2) バスはまもなく出発します．

      Le bus (　　　　　) partir. ⇨ aller

   3) 今夜彼女が家にいるかどうかわかりません．

      Je ne sais pas si elle (　　　　　) chez elle ce soir. ⇨ être

   4) ジャン，手を洗いなさい．

      Jean, (　　　　　) les mains ! ⇨ se laver

   5) 私は来週ニースに行きます．

      J'(　　　　　) à Nice la semaine prochaine. ⇨ aller

3. CDを聴いて正しい応答を選びましょう．

   1) (a) Oui, demain.

      (b) Non, je n'aime pas le thé.　　*聞こえてくる文章の時制は？

   2) (a) Désolé, je vais chez toi.

      (b) Avec plaisir. À quelle heure ?

   3) (a) Oui, je suis moins petite.

      (b) Oui, je suis plus petite.　　*比較のポイントをしっかり聞きとりましょう．

4. ( ) 内に入る適当な前置詞を下記の語群のなかから選びましょう．

   1) On doit réfléchir (　　　　) ce problème.

   2) C'est (　　　　) quand, ton départ ?

   3) Mon ami se trouve (　　　　) une situation difficile.

   4) Maman est (　　　　) colère.

   5) Tu peux manger (　　　　) des baguettes ?

        à,　avec,　dans,　en,　pour

Leçon 9 *(neuf)*

— Est-ce que tu as vu la belle fille qui est passée là tout à l'heure ?
— Oui, mais …
— Pourquoi, mais ?
— Parce que je lui ai adressé la parole hier soir et que je l'ai invitée à dîner. Mais, par malchance …
— Par malchance ?
— On a croisé son mari devant le restaurant.

表現 expression

- **tout à l'heure**「ついさきほど；もうすぐ」

    tout à fait :　　Je suis tout à fait d'accord.

    tout de suite :　Ils sont venus tout de suite.

    tout à coup :　　Tout à coup, il s'est mis à pleuvoir.

- **que**　前出の接続詞（句）を代用します．

    Quand il pleut et qu'il y a du vent, mon père met un imperméable.

- **par malchance**「運悪く」

    ＝par malheur ⇔ par chance

前置詞の用法 (3)

chez	（〜の家に，店で）	chez moi, chez le dentiste
après	（〜の後で）⇔ **avant**	après le dîner, après dix heures du soir
depuis	（〜から，〜前から）	depuis ce matin, depuis quatre ans
devant	（〜の前に）⇔ **derrière**	devant le magasin, devant chez vous
jusque	（〜まで）	jusqu'à midi, jusqu'à Dijon
avant	（〜より前に，までに）	avant minuit, dix minutes avant l'heure

Grammaire 9

① **直説法複合過去**　過去に完了した行為，動作の完了・経験を表します．

　1) **avoir の現在形＋過去分詞**（すべての他動詞・大部分の自動詞）⇨ Plus [4] 参照

visiter

j'ai visité	nous avons visité
tu as visité	vous avez visité
il a visité	ils ont visité

　2) **être の現在形＋過去分詞**（若干の自動詞・代名動詞 ⇨ 次頁参照）

　　＊主語の性・数に過去分詞は一致します．　←これはとても大切なルール

aller

je suis allé(e)	nous sommes allé(e)s
tu es allé(e)	vous êtes allé(e)(s)
il est allé	ils sont allés
elle est allée	elles sont allées

- 複合過去形で être を用いる自動詞　往来発着（移動）のニュアンスをもつ動詞．
  aller, venir, partir, sortir, entrer, naître, mourir, rester, tomber, *etc*.
- 過去分詞の形態　ただし，例外も多い　être ⇨ été, avoir ⇨ eu, *etc*.　← p. 81 を参照
  –er 動詞 ⇨ –é [aimer ⇨ aimé]　　　　–ir 動詞 ⇨ –i [finir ⇨ fini]
  –re, –oir ⇨ –u [descendre ⇨ descendu]

② **関係代名詞**

　1) **qui**　主語（先行詞は人でも物でもかまいません）
　　　Prenez le journal qui est sur la table.
　2) **que**　直接目的（先行詞は人でも物でもかまいません）
　　　Tu connais le professeur que j'ai salué ?
　3) **dont**　"de＋名詞（先行詞）"を受けます．
　　　Je connais une fille dont le père est ambassadeur.
　　　C'est le film dont on a parlé hier.
　4) **où**　場所・時を先行詞にします．
　　　Voilà la maison où elle est née.

Exercices 9

1. (　　) 内の動詞を直説法複合過去に活用させましょう．

   1) Tu (prendre　　　　　　　　　) ta température ?

   2) Elles (descendre　　　　　　　　) à l'hôtel hier soir.

   3) Est-ce que vous (aller　　　　　　　) en France ?

   4) Maman (rencontrer　　　　　　　) Claudine à la gare.

   5) Ça fait longtemps que je (ne pas voir　　　　　　) mon frère.

   6) Elle (naître　　　　　　) en quelle année ?

   7) Luc et Pauline (se marier　　　　　　　) dans cette église.

   8) Elle (se lever　　　　　　　) vers six heures du matin.

代名動詞の複合過去　se が直接目的語の場合には過去分詞がその性・数に一致します．

se coucher

je	**me suis**	couché(e)	nous	**nous sommes**	couché(e)s
tu	**t'es**	couché(e)	vous	**vous êtes**	couché(e)(s)
il	**s'est**	couché	ils	**se sont**	couchés
elle	**s'est**	couchée	elles	**se sont**	couchées

1) se が直接目的語の例

   Cette actrice s'est mari**é**e avec un médecin.

2) se が間接目的の例 　　　　　　　　これが直接目的

   Ma sœur s'est lavé les cheveux dans la salle de bains.

2. ( ) 内に適当な関係代名詞を書きいれましょう．

1) C'est un film (　　　) j'aime beaucoup.

2) Voici le livre (　　　) on parle beaucoup ces jours-ci.

3) Elle habite dans l'appartement (　　　) donne sur la mer.

4) C'est le petit village (　　　) elle est née.

5) Je connais un garçon (　　　) le père est avocat.

3. ( ) 内に入る適当な前置詞を下記の語群のなかから選びましょう．

1) Je vous attends devant (　　　) moi.

2) Tu prends du café, avec ou (　　　) sucre ?

3) Elle se cache (　　　) ce grand arbre.

4) Nous sommes à Hiroshima (　　　) le 15 août.

5) On doit courir (　　　) la gare.

　　　chez,　depuis,　derrière,　jusqu'à,　sans

4. CD の会話を聴いて ( ) 内に適当な語句を書きいれましょう．

— Papa, tu connais le père Noël ?
— (　　　).
— Tu (　　　) ?　＊人称代名詞（直接目的）が使われています．
— Quelquefois, oui.
— Alors, tu connais la maison (　　　) il habite ?
— Oui. Il habite (　　　) pôle Nord.
— Mais non, papa. Il habite (　　　) !

Plus [3]

🔴 数詞（20〜）
71

女性名詞に用いるなら vingt et une, trente et une … となる

20 vingt	21 vingt et un	22 vingt-deux …
30 trente	31 trente et un	32 trente-deux …
40 quarante	41 quarante et un	42 quarante-deux …
50 cinquante	51 cinquante et un	52 cinquante-deux …
60 soixante	61 soixante et un	62 soixante-deux …
70 soixante-dix	71 soixante et onze	72 soixante-douze …
80 quatre-vingts	81 quatre-vingt-un	82 quatre-vingt-deux …
90 quatre-vingt-dix	91 quatre-vingt-onze …	99 quatre-vingt-dix-neuf
100 cent	101 cent un …	199 cent quatre-vingt-dix-neuf
200 deux cents	300 trois cents	333 trois cent trente-trois
1000 mille	1999 mille neuf cent quatre-vingt-dix-neuf	
2000 deux mille		

注意
- 1〜20 までの数詞がその先の数の骨格を作ります． ⇨ Plus [1] 参照
- "21, 31, 41, 51, 61, 71" は et で結びます．
- 80：quatre-vingts には s がつきますが，81 以降にはつきません．
- 200, 300：deux cents, trois cents など端数のない場合に s をつけます．ただし，端数がつくと s はつきません．
- 年号には mil を用いることもあります．
  1999（年）　mil neuf cent quatre-vingt-dix-neuf

* 仏検の目安は，一般に 1〜20 迄の数字の聞き取りが 5 級レベル，1〜100 迄の数字の聞き取りが 4 級レベル，年号を含め 2000 迄の聞き取り，書き取りができるのが 3 級レベルです．

*1000 以上の数には 3 桁毎にしか単位はありません．

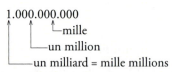

1.000.000.000
└─mille
└──un million
└────un milliard = mille millions

巻末の数詞の表も参照ください

Expression

🔘 **仏検で狙われる基本会話（表現）の例**
72

> レストラン・店で
>
>   Qu'est-ce que vous prenez ?   Passez-moi le sel, s'il vous plaît.
>   Quel est le plat du jour ?   La carte, s'il vous plaît.
>   Puis-je essayer cette jupe ?   C'est combien ? — C'est 40 yens.
>
> 電話・ホテルで
>
>   Ne quittez pas !   La ligne est occupée. (C'est occupé.)
>   Qui est à l'appareil ?   Vous avez une chambre avec douche ?
>
> 体調不良
>
>   Vous avez mauvaise mine.
>   J'ai mal à la tête (aux dents, au dos, à l'estomac …)
>
> **avoir** を用いる表現
>
> - avoir l'air＋形容詞   Tu as l'air très fatigué(e).
> - avoir besoin de＋名詞   Cette fleur a besoin d'eau.
> - avoir l'intention de＋*inf.*   J'ai l'intention de voyager toute seule.

Grammaire

🔘 **中性代名詞**   性・数の一致はしません．置く位置は動詞の前（肯定命令では後）です．
73
  1) **le**   節，句，不定法，形容詞を受けます．
        Tu sais qu'elle est malade ?   — Oui, je **le** sais.
        Je veux devenir médecin, et je **le** deviendrai.
  2) **y**   主に "à＋（代）名詞" を受けます．
        Il est à Tokyo maintenant ?   — Oui, il **y** est jusqu'à Noël.
        As-tu répondu à cette lettre ?   — Non, je n'**y** ai pas encore répondu.
  3) **en**   "de＋（代）名詞"，部分冠詞，数詞などのついた名詞を受けます．
        Vous venez du Japon ?   — Oui, j'**en** viens.
        Combien d'enfants avez-vous ?   — J'**en** ai trois.

Exercices [3]

数字が大きくなると聞きとりは難しくなります

1. CDを聴いて（　）内の数字を聞きとりましょう．

   74

   1) Je suis né à Paris le (　　　　) janvier (　　　　　).

   2) Voici mon adresse : (　　　　　), avenue Victor Hugo.

   3) Ils se sont mariés en (　　　　　).

   4) Moi, je vais prendre le menu à (　　　　　) euros.

   5) Ma grand-mère a déjà (　　　　) ans.

2. CDを聴いて（　）内の語句を書きいれましょう．

   75

   1) J'ai mal (　　　　　　　　　) depuis ce matin.

   2) Qu'est-ce que (　　　　　　　　　), Monsieur ?

   3) Ne (　　　　　　　) !

   4) Elle (　　　　　　　) fatiguée.

   5) (　　　　　　　　) dommage !

3. (　　) 内に ⇨ で示された動詞を適当な形になおして書きいれましょう．

   1) — Vous (　　　　　　) hier soir ?　⇨ sortir
      — Oui, nous sommes allés au cinéma.

   2) — Tu (　　　　　) m'aider ?　⇨ pouvoir
      — Désolé, j'ai plein de choses à faire.

   3) — Qu'est-ce que vous ferez cet été ?
      — J'(　　　　　　) aux États-Unis.　⇨ aller

   4) — (　　　　　　)-toi, François. On va être en retard.　⇨ se dépêcher
      — Oui, j'arrive tout de suite.

4. （　）内に入れるのに最も適当なものを **1〜4** のなかから選びましょう．

　1) Est-elle contente de sa voiture ?　— Oui, elle (　　) est très contente.
　　　1 en　　　**2** la　　　**3** le　　　**4** y

　2) Tu connais Lyon ?　— Non, je n'(　　) suis jamais allé.
　　　1 en　　　**2** eux　　　**3** y　　　**4** le

　3) Est-ce que je peux sortir ?　— Oui, vous (　　) pouvez.
　　　1 en　　　**2** la　　　**3** le　　　**4** y

　4) Ne (　　) inquiétez pas.
　　　1 lui　　　**2** s'　　　**3** t'　　　**4** vous

　5) Il faut fermer la porte à clé ; pensez-(　　).
　　　1 en　　　**2** le　　　**3** lui　　　**4** y

位置を表す表現　（4級・3級の頻出事項）

devant 〜の前に	**derrière** 〜の後ろに	**à côté de** 〜の隣に，そばに
près de 〜の近くに	**loin de** 〜から遠くに	**en face de** 〜の正面に
au centre de 〜の中心に	**entre A et B** AとBの間に	
au bout de 〜の端に	**au bord de** 〜の岸（ほとり）に	
à droite 右に	**à gauche** 左に	**tout droit** 真っ直ぐ
au nord (sud) de 〜の北（南）に	**à l'est (l'ouest) de** 〜の東（西）に	

---

5. 次の 1)〜5) のなかで文の内容が正しいものを 2 つ選びましょう．

　1) Bordeaux est au bord de la Seine.
　2) Marseille est au nord de la France.
　3) La Loire se jette dans l'Océan Atlantique.
　4) Les Alpes se trouvent entre la France et l'Espagne.
　5) Nice est à l'ouest de Monaco.

Leçon 10 (dix)

— Quand j'étais petit, j'allais souvent à la pêche près de chez moi.
— Moi, je restais à la maison presque tous les jours.
— Tu ne jouais pas dehors ?
— Non. Mes parents me défendaient de sortir, et j'ai été traitée par eux comme une religieuse. Mais, une fois par semaine, ils me permettaient de sortir.
— Pourquoi ?
— Parce que la messe avait lieu chaque dimanche.

表現 expression

- **défendre à qn de**+*inf.* 「人に〜するのを禁じる」

- **permettre à qn de**+*inf.* 「人に〜するのを許す」
  Le maître a ordonné aux élèves de se taire.
  ⇨ Plus [4] 参照

- **chaque** 「おのおの，毎〜，〜ごとに」（不定形形容詞）
  Chaque jour, elle va voir sa mère.
  cf. tous les jours

- **parce que**：聞き手がその時点まで知らなかった理由・原因を説明する際に用いる．
  Amélie n'est pas venue **parce qu'**elle était malade.
  Mon fils ne peut pas devenir pilote **puisqu'**il est myope.　　近眼の
  Comme vous ne dites rien, je m'en vais.

Grammaire 10

① **直説法半過去** 　語尾変化は全動詞共通で，語幹は直説法現在形の nous から作ります．

→ 過去のある時点に視点を置いた未完了の過去

je —**ais**	nous —**ions**
tu —**ais**	vous —**iez**
il —**ait**	ils —**aient**

avoir

j'**avais**	nous **avions**
tu **avais**	vous **aviez**
il **avait**	ils **avaient**

*例　aimer → nous *aim*ons → aim ＋ 半過去語尾
　　ただし，être は例外で "ét ＋ 半過去語尾" になります．

用法

1) 過去の状態，動作の継続　　Il regardait la télévision quand je suis rentré.　（線の過去／点の過去）

2) 過去の習慣　　J'allais chez elle tous les dimanches.

3) 過去における現在（時の一致）　Il m'a dit qu'il était malade.

② **直説法大過去**　　avoir（あるいは être）の半過去＋過去分詞

用法

1) 過去の一時点より前に完了した行為・状態

　Quand je suis arrivé à la gare, le train pour Paris était déjà parti.

2) 過去における過去（時の一致）　Il m'a dit qu'il avait acheté une moto.

③ **受動態**　　être＋他動詞の過去分詞（性・数一致）＋[par / de ～]

時称については être の時称で表されます．　　（de → 感情・継続的な行為などを表わす動詞のケース）

現在　　　　Cette ville est entourée de montagnes.

複合過去　　*La Joconde* a été peinte par Léonard de Vinci.

単純未来　　Ce roman sera adapté à l'écran dans un proche avenir.

Exercices 10

1. 下記のフランス語の文が，日本文と対応するよう（　）内に ⇨ で指示された動詞を適当な時制に活用して書きいれましょう．

    1) 私がシャワーを浴びていたら電話が鳴った．
        Je (　　　　　　) une douche quand le téléphone a sonné. ⇨ prendre

    2) もう少し散歩をしませんか？ ⇨ このパターンには注意（勧誘，願望など）
        Si on (　　　　　　) encore un peu ? ⇨ se promener

    3) 私が彼に電話したときには，彼は出かけてしまっていました．
        Quand je lui ai téléphoné, il (　　　　　　). ⇨ sortir

    4) 彼は僕の女友だちが 10 時に来たと言いました．
        Il m'a dit que mon amie (　　　　　　) à dix heures. ⇨ venir

    5) 昨晩テレビを見ましたか？
        Tu (　　　　　　) la télé hier soir ? ⇨ regarder

    6) 彼は若いころカフェで働いていました．
        Quand il (　　　　　　) jeune, il travaillait dans un café. ⇨ être

    7) スキーヤーは雪を待っています． →「雪」が主語なので，態はどうなる？
        La neige (　　　　　　) par les skieurs. ⇨ attendre

    8) 以前彼女は名古屋に住んでいましたが，ある日フランスの文化と出会って，今はオルレアンで仕事をしています．
        Avant elle (　　　　　　) à Nagoya, mais un jour elle (　　　　　　) la culture française, et maintenant elle (　　　　　　) à Orléans.
        ⇨ habiter, découvrir, travailler

2. CD を聴いて（　）内に適当な語句を書きいれましょう．

　　1) (　　　　　　) les étudiants sont sortis de la classe.

　　2) (　　　　　　) frappe à la porte.

　　3) Est-ce que (　　　　　　) rue a son nom en France ?

　　4) (　　　　　　) tu ne m'as pas téléphoné ?
　　　— (　　　　　　) j'étais très occupé.

　　5) Je ferai ça, (　　　　　　) c'est nécessaire.

3. 次の対話の **a〜c** に入れるのに最も適当な表現を下の **1〜5** から選びましょう．

　　—Allô !　Je voudrais parler à M. Simenon, s'il vous plaît.
　　—Oui … (　**a**　)
　　—De M. Morita, de la société TONY.
　　—Bien, (　**b**　) ; je vous le passe …　Oh ! je suis désolé, M. Simenon n'est pas dans son bureau. (　**c**　)

　　1　Ne quittez pas.
　　2　Pouvez-vous rappeler, Monsieur ?
　　3　Ça ne fait rien.
　　4　C'est de la part de qui ?
　　5　La ligne est occupée.

動詞 → 名詞の語彙の対応

1) 動詞から語末の語をとるパターン
　　例　oublier ⇨ oubli,　travailler ⇨ travail,　voyager ⇨ voyage

2) 動詞の語末を変えるパターン [–age, –ment, –ance, –tion, *etc.*]
　　例　laver ⇨ lavage,　changer ⇨ changement,　inventer ⇨ invention

3) その他のパターン
　　例　mourir ⇨ mort,　lire ⇨ lecture,　espérer ⇨ espoir

Leçon 11 *(onze)*

— Si tu étais riche, qu'est-ce que tu achèterais ?
— J'achèterais une grande maison pour vivre avec mes parents. Et toi ?
— Moi, un terrain de golf et un orchestre.
— Un terrain de golf et un orchestre ?
— Oui. J'aimerais jouer au golf toute seule en écoutant de la musique.

 表現 expression　注意したい前置詞の例

- **pour**

〜をありがとう	Merci pour ton aimable lettre.
〜の代わりに〔交換〕	Il a vendu sa voiture pour huit cents euros.
〜にとって〔観点〕	Pour moi, c'est une erreur.

- **avec**

条件・手段	Avec le temps, la douleur s'apaise.
＋無冠詞の名詞 ⇨ 様態の副詞	avec plaisir, avec prudence (＝prudemment)

- **sur**

〜に面した	Son appartement donne sur la Seine.
〜について〔主題〕	Sur ce point, elle a raison.

- **sous**

〜のなかを	Il s'est promené sous la pluie pendant une heure.

- **en/dans**

〜かかって〔期間〕	On y arrive en une heure à pied.
（これから）〜後に	Nous arriverons dans une heure.

Grammaire 11

① 条件法現在　直説法単純未来（8課参照）の語幹＋r＋半過去の語尾（10課参照）

avoir

je —**rais**	nous —**rions**
tu —**rais**	vous —**riez**
il —**rait**	ils —**raient**

j'**aurais**	nous **aurions**
tu **aurais**	vous **auriez**
il **aurait**	ils **auraient**

1) 現在の事実に反する仮定　**Si ＋ S ＋ 直説法半過去, S ＋ 条件法現在**

　S'il faisait beau, nous irions en promenade à vélo.

2) 語気緩和・推測・反語等を表します．Je voudrais aller au cinéma avec toi.

② 条件法過去　**avoir（あるいは être）の条件法現在 ＋ 過去分詞**

1) 過去の事実に反する仮定　**Si ＋ S ＋ 直説法大過去, S ＋ 条件法過去**

　Si j'avais eu plus d'argent, j'aurais acheté cette grande maison.

2) 語気緩和・推測・反語等を表します．J'aurais dû vous téléphoner hier soir.

③ 現在分詞　**直説法現在形の nous の語幹 ＋ ant**

1) 形容詞的に名詞を修飾します（主格の関係詞節と同様の働き）．

　J'ai rencontré Thomas revenant de l'école.

　cf. J'ai rencontré Sophie en revenant de l'école.

2) 理由・原因等を表します（副詞的用法）．

　Étant fatiguée, elle s'est couchée tôt.

④ ジェロンディフ　**en ＋ 現在分詞**　＊多くは「～しながら」の意味で使われます．

副詞的に主語を修飾し，同時性・条件・手段・譲歩等を表します．

Pierre joue de la guitare et il chante faux.

⇨ Pierre joue de la guitare en chantant faux.

Exercices 11

1. 次の日本文に合うようにフランス語の（　）内に下記の語群から動詞を選びそれを適当な形に活用しましょう．

   1) もし私の立場だったらどうしますか？
      Qu'est-ce que vous (　　　　　) à ma place ?

   2) 地下鉄に乗っていたら，間にあったのに．
      Si tu avais pris le métro, tu (　　　　　) à temps.

   3) もっとお金があれば，あの車を買うんだが．
      Si j'(　　　　　) plus d'argent, j'achèterais cette voiture.

   4) 時間があれば，ドイツに行くのに．
      Si j'avais le temps, j'(　　　　　) en Allemagne.

   5) あなたは僕に知らせておくべきだったのに．
      Vous (　　　　　) me prévenir.

   6) 母はラジオを聴きながら，料理をします．
      Ma mère fait la cuisine en (　　　　　) la radio.

   aller, arriver, avoir, devoir, écouter, faire

話法と時制　主節が現在であれば従属節の時制は変わりませんが，主節が過去のときには注意が必要です．＊1)～4) 直接話法中 → 間接話法中．

1) 現在 → 半過去　2) 過去 → 大過去　3) 未来 → 条・現在　4) 前未来 → 条・過去

1) Il a dit : « Je suis malade. »　　　→ Il a dit qu'il était malade.
   Il m'a demandé : « Que manges-tu ? » → Il m'a demandé ce que je mangeais.

2) Il a demandé : « Qui a fait ça ? »　→ Il a demandé qui avait fait ça.

3) Il m'a dit : « Je vous aimerai. »　→ Il m'a dit qu'il m'aimerait.

2. CDを聴いて（　　）内に適当な語句を書きいれましょう．

1) Elle m'a dit qu'elle (　　　　　) mon frère la veille.

2) Il m'a demandé quel âge (　　　　　).

3) (　　　　　) le repas, ils sont sortis.

4) (　　　　　) ce journal, vous comprendrez bien cet événement.

3. （　　）内に入れるのに適当な前置詞を下記の語群から選びましょう．

1) Il dit qu'il arrivera (　　　　　) deux heures.

2) Il y a beaucoup de châteaux le long (　　　　　) la Loire.

3) Ma tante a toujours son chien (　　　　　) elle.

4) Cet enfant est trop grand (　　　　　) son âge.

5) Napoléon est né (　　　　　) 1769.

avec, de, dans, en, pour

4. CDを聴いて最も適当な応答を選びましょう．

1) 1　Une semaine.　　＊vacances という単語が聞こえてきます．
　　2　J'irai à la mer avec mon amie.
　　3　L'été est passé.

2) 1　Vas-y.　　＊je voudrais ... を用いた頼みごとのようです．
　　2　Ça y est.
　　3　Ne quittez pas !

3) 1　Oh, pardon.　　＊否定命令文です．
　　2　De rien.
　　3　Moi non plus.

Leçon 12 *(douze)*

— Attends, Claudine ! Il faut qu'on fasse la queue.
— Pardon, Ken.
— On doit attendre son tour partout au Japon.
— Vraiment ?
— Oui, bien sûr. Même si tu es pressée, il faut prendre la file.
— Ah bon ! Alors, il faut que tu la prennes aussi.
— Quoi ? Je ne comprends pas.
— Parce qu'il y a beaucoup d'hommes qui attendent d'avoir un rendez-vous avec moi !

表現 expression

● 日常使われる簡単な受けこたえの表現

Ah bon !	「ああそうか，分かった」
Tout à fait.	「まったく」「その通り」
Tant pis.	「仕方ない」
D'accord.	「いいですよ」「OKです」
Ça dépend.	「場合によりけりです」
C'est dommage.	「残念です」
Pas de problème.	「問題ありません」
Ça ne fait rien.	「かまいません」

● 命令文で

Passez par ici.	「こちらからどうぞ」
Ne vous inquiétez pas.	「心配しないでください」
Dépêchez-vous.	「急いでください」
Faites comme chez vous.	「どうぞお楽に」

Grammaire 12

① 接続法現在 行為や状態を事実として，現実の出来事として表現する直説法に対して，主観的にとらえられた行為・状態（願望・意思・不安等）を「事実となっていない，想像されている内容（不確実な主観的事柄）」として示します．

donner

je —e	nous —ions
tu —es	vous —iez
il —e	ils —ent

je donne	nous donnions
tu donnes	vous donniez
il donne	ils donnent

＊語幹は原則として直説法現在 ils の語幹を用います．

例外　avoir : j'aie, nous ayons,　être : je sois, nous soyons
　　　pouvoir : je puisse,　aller : j'aille,　faire : je fasse, *etc.*

用法　*(que 以下の節のなかで使われる)*

1) 主節の動詞が願望・意思・感情・義務等を表すとき

   Je souhaite que tu réussisses ton examen.

   Il faut que je sache la vérité.

2) 主節が否定・疑問形のとき

   Je ne crois pas qu'elle soit malade.

   Croyez-vous qu'il aille vraiment au théâtre ?

3) 目的・譲歩等を表す接続詞句の後で

   Mon grand-père travaille encore bien qu'il ait plus de 80 ans.

   Je t'ai envoyé ce message par fax pour que tu apprennes la nouvelle.

② 接続法過去　| avoir（または être）の接続法現在　＋　過去分詞 |

主節の動詞に対してそれ以前に完了しているはずの行為・状態

Je ne crois pas qu'elle ait dit la vérité.

cf. Je ne crois pas qu'elle dise la vérité.

Exercices 12

1. 日本語に合うように (　　) 内の動詞を適当な時制に活用させましょう．

    1) 私たちは遅れる可能性があります．
       Il est possible que nous (être　　　　　　) en retard.

    2) 兄は夜になるまでには戻ってきているでしょう．
       Mon frère (rentrer　　　　　　) avant qu'il fasse nuit.

    3) 彼女はその日の晩に電話するだろうと言いました．
       Elle m'a dit qu'elle me (téléphoner　　　　　　) ce soir-là.

    4) 私の祖母は 1940 年に生まれました．
       Ma grand-mère (naître　　　　　　) en 1940.

    5) 楽にしてください．
       (Mettre　　　　　　)-vous à l'aise.

    6) もし時間とお金があれば，アフリカに行くだろうが．
       Si j'avais le temps et l'argent, j'(aller　　　　　　) en Afrique.

    7) 夕食後宿題をしなくてはなりません．
       Il faut que je (faire　　　　　　) mes devoirs après le dîner.

    8) 私は彼女が来るのではないかと心配です．
       J'ai peur qu'elle ne*(venir　　　　　　).

       *虚辞の ne と呼ばれる

       別例:
       Je crains qu'il ne pleuve.
       雨が降らないといいけど．

2. CDを聴いて（　）内を書きとりましょう．

Ma chère Louise,

Les roses que (**1**　　　　　　) ne sont pas encore flétries ? Je n'ai pas pu t'écrire (**2**　　　　　　) de Paris, faute de temps. Je fais déjà mes valises pour repartir (**3**　　　　　　) à Paris, d'où je prendrai le TGV pour Dijon. Je penserai à te rapporter un souvenir de là-bas, (**4**　　　　　　) un petit pot de la moutarde que tu aimes bien.
(**5**　　　　　　) pour mon silence.

Je t'embrasse.
Kenji

3. CDを聴いて最も適当な応答を選びましょう．

1)　**1**　C'est à moi.　　　＊出だしを聞きのがさないように．
　　2　Je ne trouve pas ma clef.
　　3　J'ai perdu la clef de l'appartement.

2)　**1**　Je ne trouve pas ma clef.
　　2　Passons au salon.
　　3　Ça va se passer.

3)　**1**　J'adore ça.　　　＊謝っているようです．
　　2　Je t'en prie.
　　3　C'est dommage.

4)　**1**　Ça dépend.
　　2　Oui, je le lui donne.
　　3　D'accord. Allons-y.

Plus [4]

① **過去分詞の性・数一致のマトメ**

1) **être** を助動詞とする場合

① 複合時制

i 動詞が **aller, venir** など場所の移動に関する自動詞の場合

Elle est déjà partie à Milan.

ii 代名動詞で，**se** が直接目的語である場合

Elles se sont levées tard ce matin.

② 受動態　主語の性・数に一致する

Cette supérette est fermée après onze heures du soir.

2) **avoir** を助動詞とする場合

複合時制の文章で，直接目的語が動詞よりも前に置かれたとき

Il les a achetés au supermarché

Je vais te montrer les photos que j'ai prises en Corée du Sud.

② **指示代名詞**　既出の名詞を受けて用いる

男性単数形	女性単数形	男性複数形	女性複数形
celui	**celle**	**ceux**	**celles**

C'est ton chapeau ? — Non, c'est celui de mon grand-père.

Voici trois cartes postales. Vous pouvez prendre celle qui vous plaît.

L'entrée de cette salle n'est pas permise à ceux qui fument.　「(〜の) 人々」の意味

＊同じ指示代名詞でも前出の ce (être の主語として用いる) や
　ça は性・数の変化はしません．

🔊 ③ **不定法と動詞**
93
1) 直接目的語になる場合

　　① 前置詞なし　　aimer, croire, désirer, préférer, *etc*.
　　　Moi, je désire connaître la vérité.
　　② **à**＋*inf*.　　apprendre, réussir, penser, *etc*.
　　　Elle a réussi à convaincre ses parents.
　　③ **de**＋*inf*.　　accepter, cesser, décider, finir, *etc*.
　　　Il a décidé de cesser de fumer.

2) S＋V＋目的語(直接)＋**à**＋*inf*.　　aider, obliger, *etc*.
　　Ma petite sœur a aidé le vieillard à traverser la rue.

3) S＋V＋目的語(直接)＋**de**＋*inf*.　　empêcher, excuser, persuader, *etc*.
　　Le bruit m'a empêché de dormir.

4) S＋V＋目的語(間接)＋**de**＋*inf*.　　dire, permettre, reprocher, *etc*.
　　Permettez-moi de vous présenter mon amie, Pascale.

＊不定法の用法　　名詞的に使われる場合と動詞的に使われる場合があります．
　　名詞的　Voir Naples et mourir.　Elle n'a qu'un désir : manger à sa faim.
　　動詞的　Que faire ?　　　　　　Ne pas stationner devant la porte.

④ **所有代名詞**　定冠詞とともに用いてたとえば「**mon, ma, mes**＋名詞」に代わります．

	m.s.	*f.s.*	*m.pl.*	*f.pl.*
je	**le mien**	**la mienne**	**les miens**	**les miennes**
tu	**le tien**	**la tienne**	**les tiens**	**les tiennes**
il, elle	**le sien**	**la sienne**	**les siens**	**les siennes**
nous	**le nôtre**	**la nôtre**	**les nôtres**	
vous	**le vôtre**	**la vôtre**	**les vôtres**	
ils, elles	**le leur**	**la leur**	**les leurs**	

Ton stylo est moins cher que le mien. (＝mon stylo)
Ce chat, c'est le vôtre ?　— Non, c'est celui de Marie.

Exercices [4]

1. (　　) 内に **à, de, pour** のいずれかを書きいれましょう。　動詞と前置詞のつながりを確認

   1) Son frère a décidé (　　) retarder son départ.

   2) Depuis un mois, elle apprend (　　) jouer du violon.

   3) On me prend souvent (　　) ma sœur.

   4) Elle a voulu m'empêcher (　　) entrer dans sa chambre.

   5) Ça me fait vraiment plaisir (　　) te revoir !

2. 次の各文が意味が通じるように (　　) 内の語句を並べかえましょう。

   1) M. Girard, _____, a accepté ce travail.

   (j'ai, hier, à, téléphoné, qui)

   2) Vous _____ vous dites ?

   (que, ce, sûr, êtes, de)

   3) C'est la _____ ?

   (avez, lettre, vous, écrite, que)

   4) Je _____.

   (connaître, suis, heureux, de, vous)

   5) Je voudrais _____.

   (chose, frais, prendre, quelque, de)

   6) Vos parents sont _____.

   (que, les, plus, miens, sévères)

3. CDを聴いて正しい応答を選びましょう．

　1) **1** Un facteur.
　　 2 Un automobiliste.
　　 3 Un agent de police.
　　 4 Un avocat.

　2) **1** Chez le coiffeur.
　　 2 Chez le libraire.
　　 3 À la poste.
　　 4 À la bibliothèque.

　3) **1** Oui, à tout à l'heure.
　　 2 Oui, à dimanche.
　　 3 Oui, à la semaine prochaine.
　　 4 Oui, à bientôt.

　4) **1** les Alpes
　　 2 les Vosges
　　 3 les Pyrénées
　　 4 le Jura

　5) **1** Là-bas.
　　 2 Non, c'est la vôtre.
　　 3 N'importe où.
　　 4 Toutes mes félicitations pour votre succès !

　　　＊ポイントをしっかりと聞きとってください．

解答するには単語力が必要！CDを聴く前に応答文の単語をチェック！

裏見返しのフランスの地図がヒント

Prime 1 *(verbe)*

（逆配列）語尾に着目・動詞一覧　表見返し参照

　テキスト内に出てくる動詞〔第一群規則動詞（–er は大半が［1–e/es］型），第二群規則動詞（–ir は［2–s/t］型），ならびに特殊な活用をする **être, avoir, aller, faire, dire** を除く〕の直説法現在形の活用を Plus［2］で示した語幹と語尾のパターン変化による表記法に基づいて，原則的に語尾からの逆配列（動詞の活用を見やすくした順番）によって掲載してあります．

（巻末の）

活用表番号　不定法　活用パターン　　活用

〔語尾〕—**re**

28	descendre	1-s/-	je descends
28	défendre	1-s/-	je défends
28	dépendre	1-s/-	je dépends
28	attendre	1-s/-	j'attends
28	vendre	1-s/-	je vends
28	répondre	1-s/-	je réponds
28	perdre	1-s/-	je perds
29	prendre	3-s/-	je prends, nous prenons, ils prennent
29	comprendre	3-s/-	je comprends, nous comprenons, ils comprennent
36	plaire	2-s/t(*)	je plais, nous plaisons (*) il plaît
36	(se) taire	2-s/t	je me tais, nous nous taisons
33	lire	2-s/t	je lis, nous lisons
41	boire	3-s/t	je bois, nous buvons, ils boivent
45	croire	2'-s/t	je crois, nous croyons
40	écrire	2-s/t	j'écris, nous écrivons
35	conduire	2-s/t	je conduis, nous conduisons
35	construire	2-s/t	je construis, nous construisons
44	naître	2-s/t(*)	je nais, nous naissons (*) il naît

43	connaître	2-s/t(*)	je connais, nous connaissons (*) il connaît
47	mettre	2-s/-	je mets, nous mettons
47	permettre	2-s/-	je permets, nous permettons

〔語尾〕—ir

18	dormir	2-s/t	je dors, nous dormons
21	venir	3-s/t	je viens, nous venons, ils viennent
21	devenir	3-s/t	je deviens, nous devenons, ils deviennent
21	revenir	3-s/t	je reviens, nous revenons, ils reviennent
21	(se) souvenir	3-s/t	je me souviens, nous nous souvenons, ils se souviennent
62	falloir	[il]	il faut
58	vouloir	3-x/t	je veux, nous voulons, ils veulent
57	voir	2'-s/t	je vois, nous voyons
57	revoir	2'-s/t	je revois, nous revoyons
56	savoir	2-s/t	je sais, nous savons
53	devoir	3-s/t	je dois, nous devons, ils doivent
61	pleuvoir	[il]	il pleut
54	pouvoir	3-x/t	je peux, nous pouvons, ils peuvent
24	courir	1-s/t	je cours
25	mourir	2-s/t	je meurs, nous mourons
18	partir	2-s/t	je pars, nous partons
18	sortir	2-s/t	je sors, nous sortons

Prime 2 *(nom, adjectif, adverbe)*

練習問題語彙　本課 Leçon 1〜12 の練習問題に出てくる名詞・形容詞・副詞を一覧にしたものです．予習にも復習にも活用してください．

L.1

- ☐ voiture 〔女〕自動車
- ☐ école 〔女〕学校
- ☐ université 〔女〕大学
- ☐ ami, e 〔男・女〕友だち
- ☐ fille 〔女〕娘（⇔ fils）
- ☐ étudiant, e 〔男・女〕学生
- ☐ chat, chatte 〔男・女〕猫
- ☐ livre 〔男〕本
- ☐ anglais, e 〔男・女〕イギリス人

職業の例
- ☐ 教員　　professeur
- ☐ 医者　　médecin
- ☐ 看護師　infirmier, ère
- ☐ 技師　　ingénieur
- ☐ パイロット　pilote
- ☐ 秘書　　secrétaire

L.2

- ☐ dimanche 〔男〕日曜日
- ☐ bien 〔副〕良く，上手に
- ☐ lunettes 〔女・複〕メガネ
- ☐ viande 〔女〕肉
- ☐ sœur 〔女〕姉，妹
- ☐ sport 〔男〕スポーツ
- ☐ courage 〔男〕勇気
- ☐ café 〔男〕コーヒー
- ☐ soupe 〔女〕スープ ⇨ *スープを飲む　manger de la soupe
- ☐ pain 〔男〕パン

国籍・国語・形容詞（〜の）
- ☐ フランス語（人）　français, e
- ☐ 日本語（人）　　japonais, e
- ☐ 英語（人）　　　anglais, e
- ☐ 中国語（人）　　chinois, e
- ☐ スペイン語（人）　espagnol, e
- ☐ イタリア語（人）　italien, ne

cf. Je suis Japonais(e).
C'est un Japonais.

L.3

- fac 〔女〕学部，大学（＝faculté）
- États-Unis 〔男・複〕アメリカ
- bière 〔女〕ビール
- restaurant 〔男〕レストラン
- tennis 〔男〕テニス
- samedi 〔男〕土曜日
- piano 〔男〕ピアノ
- jour 〔男〕日
- beaucoup 〔副〕大いに，たくさん
- vin 〔男〕ワイン
- cadeau (〜x) 〔男〕プレゼント
- film 〔男〕（作品としての）映画
- ensemble 〔副〕一緒に
- pied 〔男〕足
- croissant 〔男〕クロワッサン
- matin 〔男〕朝
- cinéma 〔男〕（芸術のジャンルとしての）映画；映画館
- désolé,e 〔形〕すまないと思った
- temps 〔男〕時間，時；天候
- examen 〔男〕試験
- courage 〔男〕勇気

国名
- フランス　France
- イギリス　Angleterre
- スペイン　Espagne
- イタリア　Italie
- 日本　　　Japon
- カナダ　　Canada

数量表現（無冠詞の名詞をとる）
- beaucoup de 〜　たくさんの
- assez de 〜　十分（かなり）の
- trop de 〜　あまりに多くの
- un peu de 〜　少しの（肯定的）
- peu de 〜　少ししか…ない（否定的）

L.4

- vie 〔女〕生命；人生；生活

- ☐ appartement 〔男〕アパルトマン
- ☐ grand,e 〔形〕大きい (⇔ petit) ┄┄┄┄┄⇨
- ☐ rouge 〔形〕赤い
- ☐ cravate 〔女〕ネクタイ
- ☐ œil (yeux) 〔男〕目
- ☐ beau, belle 〔形〕美しい
- ☐ faim 〔女〕空腹
- ☐ personne 〔女〕人，人間
  〔(不定)代〕(ne とともに) 誰も〜ない
- ☐ classe 〔女〕クラス，教室
- ☐ frère 〔男〕兄, 弟
- ☐ étranger,ère 〔形〕外国の
- ☐ langue 〔女〕言語
- ☐ eau (〜x) 〔女〕水
- ☐ argent 〔男〕お金
- ☐ banque 〔女〕銀行
- ☐ enfant 〔男・女〕子ども

名詞の前に置かれる形容詞の例
grand, petit, joli, beau, bon,
mauvais, jeune, vieux, nouveau

- ☐ 美しい音楽　une belle musique
- ☐ 老婦人　　 une vieille dame

色の形容詞：名詞の後ろに置く
- ☐ 黒い　　noir,e
- ☐ 白い　　blanc, blanche
- ☐ 緑の　　vert, verte
- ☐ 黄色い　jaune
- ☐ 青い　　bleu,e

L.5

- ☐ gare 〔女〕駅
- ☐ train 〔男〕列車，電車
- ☐ minute 〔女〕分
- ☐ avenir 〔男〕将来，未来
- ☐ repas 〔男〕食事
- ☐ boisson 〔女〕飲み物

乗り物と前置詞の例
- ☐ 電車で　par le train, en train
- ☐ 車で　　en voiture
- ☐ 船で　　en bateau
- ☐ 徒歩で　à pied

- ☐ sandwich 〔男〕サンドイッチ
- ☐ souvent 〔副〕しばしば
- ☐ fiancé,e 〔男・女〕フィアンセ
- ☐ pressé(e) 〔形〕急いでいる

L.6

- ☐ vite 〔副〕速く（⇔ lentement）
- ☐ droit 〔副〕まっすぐに
- ☐ droite 〔女〕右，右側
- ☐ gauche 〔女〕左，左側
- ☐ couleur 〔女〕色
- ☐ bientôt 〔副〕まもなく，もうすぐ
- ☐ maintenant 〔副〕いま

左右・直進	
☐ 左に	à gauche
☐ 右に	à droite
☐ まっすぐに	tout droit

L.7

- ☐ jardin 〔男〕庭
- ☐ tableau (～x) 〔男〕（額入りの）絵
- ☐ thé 〔男〕紅茶
- ☐ adresse 〔女〕住所
- ☐ heureux,se 〔形〕幸せな（⇔ malheureux）
- ☐ bureau (～x) 〔男〕事務所，事務机
- ☐ dictionnaire 〔男〕辞書
- ☐ électronique 〔形〕電子の
- ☐ musique 〔女〕音楽
- ☐ pied 〔男〕（足首から下の部位）足

飲み物	
☐ コーヒー	café
☐ カフェオレ	café au lait
☐ コーラ	coca
☐ 牛乳	lait
☐ オレンジ・ジュース	jus d'orange

- ☐ centre-ville 〔男〕町の中心街
- ☐ Midi 〔男〕南フランス
  - *cf.* midi 〔男〕正午 ⇔ minuit
- ☐ sûr,e 〔形〕確かな

L.8

- ☐ haut,e 〔形〕高い (⇔ bas)
- ☐ montagne 〔女〕山
- ☐ saison 〔女〕季節
- ☐ agréable 〔形〕快適な
- ☐ donner un coup de téléphone 〔男〕電話をかける
- ☐ certainement 〔副〕確かに
- ☐ bus 〔男〕バス（＝autobus）
- ☐ main 〔女〕手
- ☐ semaine 〔女〕週
- ☐ prochain,e 〔形〕この次の
- ☐ problème 〔男〕問題
- ☐ départ 〔男〕出発
- ☐ colère 〔女〕怒り
- ☐ baguette 〔女〕（複数で）箸；バゲットパン

L.9

- ☐ température 〔女〕気温；体温
- ☐ hôtel 〔男〕ホテル
- ☐ longtemps 〔副〕長く，久しく

体の部位
- ☐ 鼻　nez
- ☐ 耳　oreille
- ☐ 口　bouche
- ☐ 頭　tête
- ☐ 肩　épaule
- ☐ 背中　dos
- ☐ 胃　estomac
- ☐ お腹　ventre
- ☐ 脚　jambe

* 身体部が痛い
J'ai mal à (au, aux) …

時間の表現
- ☐ 去年　l'année dernière
- ☐ 今年　cette année
- ☐ 来年　l'année prochaine
- ☐ 新年　la nouvelle année
- ☐ 毎年　chaque année
- ☐ 西暦 2015 年　l'an 2015

喜怒哀楽
- ☐ 喜び　joie
- ☐ 悲しみ　tristesse
- ☐ 楽しみ　plaisir
- ☐ 感情　sentiment

* 喜怒哀楽を表に出す
monter ses sentiments

- [ ] année 〔女〕年
- [ ] église 〔女〕教会
- [ ] mer 〔女〕海
- [ ] village 〔男〕村
- [ ] avocat,e 〔男・女〕弁護士
- [ ] sucre 〔男〕砂糖 (塩 sel)
- [ ] arbre 〔男〕木
- [ ] Noël 〔男〕クリスマス
- [ ] quelquefois 〔副〕時々 ⇨
- [ ] maison 〔女〕家
- [ ] ordinairement 〔副〕普通, 通常は
- [ ] ciel 〔男〕空

頻度を表す副詞
- [ ] いつも　toujours
- [ ] 時々　de temps en temps
- [ ] しばしば　souvent
- [ ] 決して〜ない　ne … jamais

L.10

- [ ] douche 〔女〕シャワー ⇨
- [ ] encore 〔副〕まだ, さらに
- [ ] un peu 〔副〕少し (⇔ beaucoup)
- [ ] monde 〔男〕人々；世界
- [ ] télé 〔女〕テレビ (＝télévision)
- [ ] neige 〔女〕雪
- [ ] skieur,se 〔男・女〕スキーヤー
- [ ] rue 〔女〕通り, 道路 ⇨
- [ ] occupé(e) 〔形〕忙しい
- [ ] pôle Nord 〔男〕北極

＊西欧では le père Noël が住むとされる.

風呂・洗顔
- [ ] 風呂　salle de bain(s)
- [ ] 風呂に入る　prendre un bain
- [ ] 顔を洗う　se laver le visage
- [ ] 体を拭く　s'essuyer le corps

道路
- [ ] 道　chemin
- [ ] (環状) 大通り　boulevard
- [ ] (放射状) 大通り　avenue
- [ ] 街道　route
- [ ] 高速道路　autoroute

L.11

- □ place 〔女〕場所；地位
- □ métro 〔男〕地下鉄
- □ radio 〔女〕ラジオ
- □ cuisine 〔女〕料理；台所
- □ veille 〔女〕前日
- □ événement 〔男〕出来事
- □ château (~x)〔男〕城
- □ toujours 〔副〕いつも，相変らず
- □ chien, chienne〔男・女〕犬
- □ trop 〔副〕あまりに，～すぎる

部屋
- □ 寝室　　chambre
- □ 浴室　　salle de bain(s)
- □ 食堂　　salle à manger
- □ 居間　　salon
- □ 屋根裏部屋 grenier

L.12

- □ possible 〔形〕可能な
- □ retard 〔男〕遅れ
- □ nuit 〔女〕夜
- □ aise 〔女〕くつろぎ，気楽
- □ Afrique 〔女〕アフリカ
- □ rose 〔女〕バラ
- □ faute 〔女〕ミス；責任
  * faute de ～ 「～がないので」
- □ valise 〔女〕スーツケース
- □ souvenir 〔男〕土産；思い出
- □ moutarde 〔女〕マスタード
- □ silence 〔男〕沈黙

- ☐ Je t'embrasse.（手紙の末尾で：親しい相手に）心をこめて，キスを送ります
- ☐ pot 〔男〕壺
- ☐ clef 〔女〕鍵（＝clé）
- ☐ salon 〔男〕客間

過去分詞一覧

* 助動詞に être をとる動詞

aimer	**aimé**	* mourir	**mort**
* aller	**allé**	* naître	**né**
apprendre	**appris**	offrir	**offert**
asseoir	**assis**	ouvrir	**ouvert**
attendre	**attendu**	* partir	**parti**
avoir	**eu**	peindre	**peint**
boire	**bu**	permettre	**permis**
choisir	**choisi**	plaire	**plu**
comprendre	**compris**	pleuvoir	**plu**
conduire	**conduit**	pouvoir	**pu**
courir	**couru**	prendre	**pris**
couvrir	**couvert**	recevoir	**reçu**
craindre	**craint**	rire	**ri**
croire	**cru**	savoir	**su**
devoir	**dû**	sentir	**senti**
dire	**dit**	* sortir	**sorti**
dormir	**dormi**	souffrir	**souffert**
écrire	**écrit**	suivre	**suivi**
entendre	**entendu**	survivre	**survécu**
être	**été**	tenir	**tenu**
faire	**fait**	* venir	**venu**
falloir	**fallu**	vivre	**vécu**
finir	**fini**	voir	**vu**
lire	**lu**	vouloir	**voulu**
mettre	**mis**		

新・フェリシタシオン！
Toutes mes félicitations !

久 松 健 一　著

定価（本体 2500 円＋税）　　　　2016 年 5 月 1 日　初版発行
　　　　　　　　　　　　　　　　2022 年 4 月 1 日　2 刷発行

発行者　井田洋二

発行所　〒 101–0062 東京都千代田区神田駿河台 3 の 7　株式会社　駿河台出版社
　　　　電話 03 (3291) 1676　FAX 03 (3291) 1675
　　　　振替　00190–3–56669

印刷・製本　精文堂印刷株式会社
ISBN 978-4-411-01123-7　C1085　￥2500E

http://www.e-surugadai.com

動詞活用表

◇ 活用表中，現在分詞と過去分詞はイタリック体，
また書体の違う活用は，とくに注意すること．

accueillir	22	écrire	40	pleuvoir	61
acheter	10	émouvoir	55	pouvoir	54
acquérir	26	employer	13	préférer	12
aimer	7	envoyer	15	prendre	29
aller	16	être	2	recevoir	52
appeler	11	être aimé(e)(s)	5	rendre	28
(s')asseoir	60	être allé(e)(s)	4	résoudre	42
avoir	1	faire	31	rire	48
avoir aimé	3	falloir	62	rompre	50
battre	46	finir	17	savoir	56
boire	41	fuir	27	sentir	19
commencer	8	(se) lever	6	suffire	34
conclure	49	lire	33	suivre	38
conduire	35	manger	9	tenir	20
connaître	43	mettre	47	vaincre	51
coudre	37	mourir	25	valoir	59
courir	24	naître	44	venir	21
craindre	30	ouvrir	23	vivre	39
croire	45	partir	18	voir	57
devoir	53	payer	14	vouloir	58
dire	32	plaire	36		

◇ 単純時称の作り方

不定法			直説法現在				接続法現在		直説法半過去	
—er	[e]	je (j')	—e	[無音]	—s	[無音]	—e	[無音]	—ais	[ɛ]
—ir	[ir]	tu	—es	[無音]	—s	[無音]	—es	[無音]	—ais	[ɛ]
—re	[r]	il	—e	[無音]	—t	[無音]	—e	[無音]	—ait	[ɛ]
—oir	[war]	nous	—ons	[ɔ̃]			—ions	[jɔ̃]	—ions	[jɔ̃]
現在分詞		vous	—ez	[e]			—iez	[je]	—iez	[je]
—ant	[ɑ̃]	ils	—ent	[無音]			—ent	[無音]	—aient	[ɛ]

	直説法単純未来		条件法現在	
je (j')	—rai	[re]	—rais	[rɛ]
tu	—ras	[rɑ]	—rais	[rɛ]
il	—ra	[ra]	—rait	[rɛ]
nous	—rons	[rɔ̃]	—rions	[rjɔ̃]
vous	—rez	[re]	—riez	[rje]
ils	—ront	[rɔ̃]	—raient	[rɛ]

	直説法単純過去					
je	—ai	[e]	—is	[i]	—us	[y]
tu	—as	[ɑ]	—is	[i]	—us	[y]
il	—a	[a]	—it	[i]	—ut	[y]
nous	—âmes	[am]	—îmes	[im]	—ûmes	[ym]
vous	—âtes	[at]	—îtes	[it]	—ûtes	[yt]
ils	—èrent	[ɛr]	—irent	[ir]	—urent	[yr]

過去分詞	—é [e], —i [i], —u [y], —s [無音], —t [無音]

① **直説法現在**の単数形は，第一群動詞では—e，—es，—e；他の動詞ではほとんど—s，—s，—t．
② 直説法現在と接続法現在では，nous, vous の語幹が，他の人称の語幹と異なること（母音交替）がある．
③ **命令法**は，直説法現在の tu, nous, vous をとった形．（ただし—es → e   vas → va）
④ **接続法現在**は，多く直説法現在の3人称複数形から作られる．ils partent → je parte．
⑤ **直説法半過去**と**現在分詞**は，直説法現在の1人称複数形から作られる．
⑥ **直説法単純未来**と**条件法現在**は多く不定法から作られる．aimer → j'aimerai, finir → je finirai, rendre → je rendrai (-oir 型の語幹は不規則)．

1. avoir

現在分詞
ayant

過去分詞
eu [y]

直説法

	現在		半過去		単純過去	
	j'	ai	j'	avais	j'	eus [y]
	tu	as	tu	avais	tu	eus
	il	a	il	avait	il	eut
	nous	avons	nous	avions	nous	eûmes
	vous	avez	vous	aviez	vous	eûtes
	ils	ont	ils	avaient	ils	eurent

命令法

aie
ayons
ayez

複合過去			大過去			前過去		
j'	ai	eu	j'	avais	eu	j'	eus	eu
tu	as	eu	tu	avais	eu	tu	eus	eu
il	a	eu	il	avait	eu	il	eut	eu
nous	avons	eu	nous	avions	eu	nous	eûmes	eu
vous	avez	eu	vous	aviez	eu	vous	eûtes	eu
ils	ont	eu	ils	avaient	eu	ils	eurent	eu

2. être

現在分詞
étant

過去分詞
été

直説法

現在		半過去		単純過去	
je	suis	j'	étais	je	fus
tu	es	tu	étais	tu	fus
il	est	il	était	il	fut
nous	sommes	nous	étions	nous	fûmes
vous	êtes	vous	étiez	vous	fûtes
ils	sont	ils	étaient	ils	furent

命令法

sois
soyons
soyez

複合過去			大過去			前過去		
j'	ai	été	j'	avais	été	j'	eus	été
tu	as	été	tu	avais	été	tu	eus	été
il	a	été	il	avait	été	il	eut	été
nous	avons	été	nous	avions	été	nous	eûmes	été
vous	avez	été	vous	aviez	été	vous	eûtes	été
ils	ont	été	ils	avaient	été	ils	eurent	été

3. avoir aimé

[複合時称]

分詞複合形
ayant aimé

命令法

aie aimé
ayons aimé
ayez aimé

直説法

複合過去			大過去			前過去		
j'	ai	aimé	j'	avais	aimé	j'	eus	aimé
tu	as	aimé	tu	avais	aimé	tu	eus	aimé
il	a	aimé	il	avait	aimé	il	eut	aimé
elle	a	aimé	elle	avait	aimé	elle	eut	aimé
nous	avons	aimé	nous	avions	aimé	nous	eûmes	aimé
vous	avez	aimé	vous	aviez	aimé	vous	eûtes	aimé
ils	ont	aimé	ils	avaient	aimé	ils	eurent	aimé
elles	ont	aimé	elles	avaient	aimé	elles	eurent	aimé

4. être allé(e)(s)

[複合時称]

分詞複合形
étant allé(e)(s)

命令法

sois allé(e)
soyons allé(e)s
soyez allé(e)(s)

直説法

複合過去			大過去			前過去		
je	suis	allé(e)	j'	étais	allé(e)	je	fus	allé(e)
tu	es	allé(e)	tu	étais	allé(e)	tu	fus	allé(e)
il	est	allé	il	était	allé	il	fut	allé
elle	est	allée	elle	était	allée	elle	fut	allée
nous	sommes	allé(e)s	nous	étions	allé(e)s	nous	fûmes	allé(e)s
vous	êtes	allé(e)(s)	vous	étiez	allé(e)(s)	vous	fûtes	allé(e)(s)
ils	sont	allés	ils	étaient	allés	ils	furent	allés
elles	sont	allées	elles	étaient	allées	elles	furent	allées

単純未来	条件法 現在	接続法 現在	半過去
j' aurai	j' aurais	j' aie	j' eusse
tu auras	tu aurais	tu aies	tu eusses
il aura	il aurait	il ait	il eût
nous aurons	nous aurions	nous ayons	nous eussions
vous aurez	vous auriez	vous ayez	vous eussiez
ils auront	ils auraient	ils aient	ils eussent

前未来	条件法 過去	接続法 過去	大過去
j' aurai eu	j' aurais eu	j' aie eu	j' eusse eu
tu auras eu	tu aurais eu	tu aies eu	tu eusses eu
il aura eu	il aurait eu	il ait eu	il eût eu
nous aurons eu	nous aurions eu	nous ayons eu	nous eussions eu
vous aurez eu	vous auriez eu	vous ayez eu	vous eussiez eu
ils auront eu	ils auraient eu	ils aient eu	ils eussent eu

単純未来	条件法 現在	接続法 現在	半過去
je serai	je serais	je sois	je fusse
tu seras	tu serais	tu sois	tu fusses
il sera	il serait	il soit	il fût
nous serons	nous serions	nous soyons	nous fussions
vous serez	vous seriez	vous soyez	vous fussiez
ils seront	ils seraient	ils soient	ils fussent

前未来	過去	過去	大過去
j' aurai été	j' aurais été	j' aie été	j' eusse été
tu auras été	tu aurais été	tu aies été	tu eusses été
il aura été	il aurait été	il ait été	il eût été
nous aurons été	nous aurions été	nous ayons été	nous eussions été
vous aurez été	vous auriez été	vous ayez été	vous eussiez été
ils auront été	ils auraient été	ils aient été	ils eussent été

前未来	条件法 過去	接続法 過去	大過去
j' aurai aimé	j' aurais aimé	j' aie aimé	j' eusse aimé
tu auras aimé	tu aurais aimé	tu aies aimé	tu eusses aimé
il aura aimé	il aurait aimé	il ait aimé	il eût aimé
elle aura aimé	elle aurait aimé	elle ait aimé	elle eût aimé
nous aurons aimé	nous aurions aimé	nous ayons aimé	nous eussions aimé
vous aurez aimé	vous auriez aimé	vous ayez aimé	vous eussiez aimé
ils auront aimé	ils auraient aimé	ils aient aimé	ils eussent aimé
elles auront aimé	elles auraient aimé	elles aient aimé	elles eussent aimé

前未来	条件法 過去	接続法 過去	大過去
je serai allé(e)	je serais allé(e)	je sois allé(e)	je fusse allé(e)
tu seras allé(e)	tu serais allé(e)	tu sois allé(e)	tu fusse allé(e)
il sera allé	il serait allé	il soit allé	il fût allé
elle sera allée	elle serait allée	elle soit allée	elle fût allée
nous serons allé(e)s	nous serions allé(e)s	nous soyons allé(e)s	nous fussions allé(e)s
vous serez allé(e)(s)	vous seriez allé(e)(s)	vous soyez allé(e)(s)	vous fussiez allé(e)(s)
ils seront allés	ils seraient allés	ils soient allés	ils fussent allés
elles seront allées	elles seraient allées	elles soient allées	elles fussent allées

5. être aimé(e)(s) ［受動態］

直　説　法							接　続　法		
現　在				複　合　過　去				現　在		
je	suis	aimé(e)	j'	ai	été	aimé(e)	je	sois	aimé(e)
tu	es	aimé(e)	tu	as	été	aimé(e)	tu	sois	aimé(e)
il	est	aimé	il	a	été	aimé	il	soit	aimé
elle	est	aimée	elle	a	été	aimée	elle	soit	aimée
nous	sommes	aimé(e)s	nous	avons	été	aimé(e)s	nous	soyons	aimé(e)s
vous	êtes	aimé(e)(s)	vous	avez	été	aimé(e)(s)	vous	soyez	aimé(e)(s)
ils	sont	aimés	ils	ont	été	aimés	ils	soient	aimés
elles	sont	aimées	elles	ont	été	aimées	elles	soient	aimées
半　過　去				大　過　去				過　去		
j'	étais	aimé(e)	j'	avais	été	aimé(e)	j'	aie	été	aimé(e)
tu	étais	aimé(e)	tu	avais	été	aimé(e)	tu	aies	été	aimé(e)
il	était	aimé	il	avait	été	aimé	il	ait	été	aimé
elle	était	aimée	elle	avait	été	aimée	elle	ait	été	aimée
nous	étions	aimé(e)s	nous	avions	été	aimé(e)s	nous	ayons	été	aimé(e)s
vous	étiez	aimé(e)(s)	vous	aviez	été	aimé(e)(s)	vous	ayez	été	aimé(e)(s)
ils	étaient	aimés	ils	avaient	été	aimés	ils	aient	été	aimés
elles	étaient	aimées	elles	avaient	été	aimées	elles	aient	été	aimées
単　純　過　去				前　過　去				半　過　去		
je	fus	aimé(e)	j'	eus	été	aimé(e)	je	fusse	aimé(e)
tu	fus	aimé(e)	tu	eus	été	aimé(e)	tu	fusses	aimé(e)
il	fut	aimé	il	eut	été	aimé	il	fût	aimé
elle	fut	aimée	elle	eut	été	aimée	elle	fût	aimée
nous	fûmes	aimé(e)s	nous	eûmes	été	aimé(e)s	nous	fussions	aimé(e)s
vous	fûtes	aimé(e)(s)	vous	eûtes	été	aimé(e)(s)	vous	fussiez	aimé(e)(s)
ils	furent	aimés	ils	eurent	été	aimés	ils	fussent	aimés
elles	furent	aimées	elles	eurent	été	aimées	elles	fussent	aimées
単　純　未　来				前　未　来				大　過　去		
je	serai	aimé(e)	j'	aurai	été	aimé(e)	j'	eusse	été	aimé(e)
tu	seras	aimé(e)	tu	auras	été	aimé(e)	tu	eusses	été	aimé(e)
il	sera	aimé	il	aura	été	aimé	il	eût	été	aimé
elle	sera	aimée	elle	aura	été	aimée	elle	eût	été	aimée
nous	serons	aimé(e)s	nous	aurons	été	aimé(e)s	nous	eussions	été	aimé(e)s
vous	serez	aimé(e)(s)	vous	aurez	été	aimé(e)(s)	vous	eussiez	été	aimé(e)(s)
ils	seront	aimés	ils	auront	été	aimés	ils	eussent	été	aimés
elles	seront	aimées	elles	auront	été	aimées	elles	eussent	été	aimées

条　件　法							現在分詞	
現　在				過　去				étant aimé(e)(s)	
je	serais	aimé(e)	j'	aurais	été	aimé(e)	過去分詞	
tu	serais	aimé(e)	tu	aurais	été	aimé(e)	été aimé(e)(s)	
il	serait	aimé	il	aurait	été	aimé	命　令　法	
elle	serait	aimée	elle	aurait	été	aimée		
nous	serions	aimé(e)s	nous	aurions	été	aimé(e)s	sois	aimé(e)s
vous	seriez	aimé(e)(s)	vous	auriez	été	aimé(e)(s)	soyons	aimé(e)s
ils	seraient	aimés	ils	auraient	été	aimés	soyez	aimé(e)(s)
elles	seraient	aimées	elles	auraient	été	aimées		

6. se lever [代名動詞]

直　説　法							接　続　法		
現　在			複　合　過　去				現　在		
je	me	lève	je	me	suis	levé(e)	je	me	lève
tu	te	lèves	tu	t'	es	levé(e)	tu	te	lèves
il	se	lève	il	s'	est	levé	il	se	lève
elle	se	lève	elle	s'	est	levée	elle	se	lève
nous	nous	levons	nous	nous	sommes	levé(e)s	nous	nous	levions
vous	vous	levez	vous	vous	êtes	levé(e)(s)	vous	vous	leviez
ils	se	lèvent	ils	se	sont	levés	ils	se	lèvent
elles	se	lèvent	elles	se	sont	levées	elles	se	lèvent
半　過　去			大　過　去				過　去		
je	me	levais	je	m'	étais	levé(e)	je	me	sois	levé(e)
tu	te	levais	tu	t'	étais	levé(e)	tu	te	sois	levé(e)
il	se	levait	il	s'	était	levé	il	se	soit	levé
elle	se	levait	elle	s'	était	levée	elle	se	soit	levée
nous	nous	levions	nous	nous	étions	levé(e)s	nous	nous	soyons	levé(e)s
vous	vous	leviez	vous	vous	étiez	levé(e)(s)	vous	vous	soyez	levé(e)(s)
ils	se	levaient	ils	s'	étaient	levés	ils	se	soient	levés
elles	se	levaient	elles	s'	étaient	levées	elles	se	soient	levées
単　純　過　去			前　過　去				半　過　去		
je	me	levai	je	me	fus	levé(e)	je	me	levasse
tu	te	levas	tu	te	fus	levé(e)	tu	te	levasses
il	se	leva	il	se	fut	levé	il	se	levât
elle	se	leva	elle	se	fut	levée	elle	se	levât
nous	nous	levâmes	nous	nous	fûmes	levé(e)s	nous	nous	levassions
vous	vous	levâtes	vous	vous	fûtes	levé(e)(s)	vous	vous	levassiez
ils	se	levèrent	ils	se	furent	levés	ils	se	levassent
elles	se	levèrent	elles	se	furent	levées	elles	se	levassent
単　純　未　来			前　未　来				大　過　去		
je	me	lèverai	je	me	serai	levé(e)	je	me	fusse	levé(e)
tu	te	lèveras	tu	te	seras	levé(e)	tu	te	fusses	levé(e)
il	se	lèvera	il	se	sera	levé	il	se	fût	levé
elle	se	lèvera	elle	se	sera	levée	elle	se	fût	levée
nous	nous	lèverons	nous	nous	serons	levé(e)s	nous	nous	fussions	levé(e)s
vous	vous	lèverez	vous	vous	serez	levé(e)(s)	vous	vous	fussiez	levé(e)(s)
ils	se	lèveront	ils	se	seront	levés	ils	se	fussent	levés
elles	se	lèveront	elles	se	seront	levées	elles	se	fussent	levées

条　件　法							現在分詞
現　在			過　去				se levant
je	me	lèverais	je	me	serais	levé(e)	
tu	te	lèverais	tu	te	serais	levé(e)	命　令　法
il	se	lèverait	il	se	serait	levé	
elle	se	lèverait	elle	se	serait	levée	
nous	nous	lèverions	nous	nous	serions	levé(e)s	lève-toi
vous	vous	lèveriez	vous	vous	seriez	levé(e)(s)	levons-nous
ils	se	lèveraient	ils	se	seraient	levés	levez-vous
elles	se	lèveraient	elles	se	seraient	levées	

◇ se が間接補語のとき過去分詞は性・数の変化をしない．

不定法 現在分詞 過去分詞	直説法			
	現在	半過去	単純過去	単純未来
7. aimer *aimant* *aimé*	j' aime tu aimes il aime n. aimons v. aimez ils aiment	j' aimais tu aimais il aimait n. aimions v. aimiez ils aimaient	j' aimai tu aimas il aima n. aimâmes v. aimâtes ils aimèrent	j' aimerai tu aimeras il aimera n. aimerons v. aimerez ils aimeront
8. commencer *commençant* *commencé*	je commence tu commences il commence n. commençons v. commencez ils commencent	je commençais tu commençais il commençait n. commencions v. commenciez ils commençaient	je commençai tu commenças il commença n. commençâmes v. commençâtes ils commencèrent	je commencerai tu commenceras il commencera n. commencerons v. commencerez ils commenceront
9. manger *mangeant* *mangé*	je mange tu manges il mange n. mangeons v. mangez ils mangent	je mangeais tu mangeais il mangeait n. mangions v. mangiez ils mangeaient	je mangeai tu mangeas il mangea n. mangeâmes v. mangeâtes ils mangèrent	je mangerai tu mangeras il mangera n. mangerons v. mangerez ils mangeront
10. acheter *achetant* *acheté*	j' achète tu achètes il achète n. achetons v. achetez ils achètent	j' achetais tu achetais il achetait n. achetions v. achetiez ils achetaient	j' achetai tu achetas il acheta n. achetâmes v. achetâtes ils achetèrent	j' achèterai tu achèteras il achètera n. achèterons v. achèterez ils achèteront
11. appeler *appelant* *appelé*	j' appelle tu appelles il appelle n. appelons v. appelez ils appellent	j' appelais tu appelais il appelait n. appelions v. appeliez ils appelaient	j' appelai tu appelas il appela n. appelâmes v. appelâtes ils appelèrent	j' appellerai tu appelleras il appellera n. appellerons v. appellerez ils appelleront
12. préférer *préférant* *préféré*	je préfère tu préfères il préfère n. préférons v. préférez ils préfèrent	je préférais tu préférais il préférait n. préférions v. préfériez ils préféraient	je préférai tu préféras il préféra n. préférâmes v. préférâtes ils préférèrent	je préférerai tu préféreras il préférera n. préférerons v. préférerez ils préféreront
13. employer *employant* *employé*	j' emploie tu emploies il emploie n. employons v. employez ils emploient	j' employais tu employais il employait n. employions v. employiez ils employaient	j' employai tu employas il employa n. employâmes v. employâtes ils employèrent	j' emploierai tu emploieras il emploiera n. emploierons v. emploierez ils emploieront

条件法	接続法		命令法	同型
現在	現在	半過去		
j' aimerais tu aimerais il aimerait n. aimerions v. aimeriez ils aimeraient	j' aime tu aimes il aime n. aimions v. aimiez ils aiment	j' aimasse tu aimasses il aimât n. aimassions v. aimassiez ils aimassent	aime aimons aimez	注語尾 -er の動詞 (除：aller, envoyer) を**第一群規則動詞**と もいう．
je commencerais tu commencerais il commencerait n. commencerions v. commenceriez ils commenceraient	je commence tu commences il commence n. commencions v. commenciez ils commencent	je commençasse tu commençasses il commençât n. commençassions v. commençassiez ils commençassent	commence commençons commencez	avancer effacer forcer lancer placer prononcer remplacer renoncer
je mangerais tu mangerais il mangerait n. mangerions v. mangeriez ils mangeraient	je mange tu manges il mange n. mangions v. mangiez ils mangent	je mangeasse tu mangeasses il mangeât n. mangeassions v. mangeassiez ils mangeassent	mange mangeons mangez	arranger changer charger déranger engager manger obliger voyager
j' achèterais tu achèterais il achèterait n. achèterions v. achèteriez ils achèteraient	j' achète tu achètes il achète n. achetions v. achetiez ils achètent	j' achetasse tu achetasses il achetât n. achetassions v. achetassiez ils achetassent	achète achetons achetez	achever amener enlever lever mener peser (se) promener
j' appellerais tu appellerais il appellerait n. appellerions v. appelleriez ils appelleraient	j' appelle tu appelles il appelle n. appelions v. appeliez ils appellent	j' appelasse tu appelasses il appelât n. appelassions v. appelassiez ils appelassent	appelle appelons appelez	**jeter** **rappeler** **rejeter** **renouveler**
je préférerais tu préférerais il préférerait n. préférerions v. préféreriez ils préféreraient	je préfère tu préfères il préfère n. préférions v. préfériez ils préfèrent	je préférasse tu préférasses il préférât n. préférassions v. préférassiez ils préférassent	préfère préférons préférez	considérer désespérer espérer inquiéter pénétrer posséder répéter sécher
j' emploierais tu emploierais il emploierait n. emploierions v. emploieriez ils emploieraient	j' emploie tu emploies il emploie n. employions v. employiez ils emploient	j' employasse tu employasses il employât n. employassions v. employassiez ils employassent	emploie employons employez	-oyer (除：envoyer) -uyer **appuyer** **ennuyer** **essuyer** **nettoyer**

不定法 現在分詞 過去分詞	直説法			
	現在	半過去	単純過去	単純未来
14. payer *payant* *payé*	je paye (paie) tu payes (paies) il paye (paie) n. payons v. payez ils payent (paient)	je payais tu payais il payait n. payions v. payiez ils payaient	je payai tu payas il paya n. payâmes v. payâtes ils payèrent	je payerai (paierai) tu payeras (etc....) il payera n. payerons v. payerez ils payeront
15. envoyer *envoyant* *envoyé*	j' envoie tu envoies il envoie n. envoyons v. envoyez ils envoient	j' envoyais tu envoyais il envoyait n. envoyions v. envoyiez ils envoyaient	j' envoyai tu envoyas il envoya n. envoyâmes v. envoyâtes ils envoyèrent	j' **enverrai** tu **enverras** il **enverra** n. **enverrons** v. **enverrez** ils **enverront**
16. aller *allant* *allé*	je **vais** tu **vas** il **va** n. allons v. allez ils **vont**	j' allais tu allais il allait n. allions v. alliez ils allaient	j' allai tu allas il alla n. allâmes v. allâtes ils allèrent	j' **irai** tu **iras** il **ira** n. **irons** v. **irez** ils **iront**
17. finir *finissant* *fini*	je finis tu finis il finit n. finissons v. finissez ils finissent	je finissais tu finissais il finissait n. finissions v. finissiez ils finissaient	je finis tu finis il finit n. finîmes v. finîtes ils finirent	je finirai tu finiras il finira n. finirons v. finirez ils finiront
18. partir *partant* *parti*	je pars tu pars il part n. partons v. partez ils partent	je partais tu partais il partait n. partions v. partiez ils partaient	je partis tu partis il partit n. partîmes v. partîtes ils partirent	je partirai tu partiras il partira n. partirons v. partirez ils partiront
19. sentir *sentant* *senti*	je sens tu sens il sent n. sentons v. sentez ils sentent	je sentais tu sentais il sentait n. sentions v. sentiez ils sentaient	je sentis tu sentis il sentit n. sentîmes v. sentîtes ils sentirent	je sentirai tu sentiras il sentira n. sentirons v. sentirez ils sentiront
20. tenir *tenant* *tenu*	je tiens tu tiens il tient n. tenons v. tenez ils tiennent	je tenais tu tenais il tenait n. tenions v. teniez ils tenaient	je tins tu tins il tint n. tînmes v. tîntes ils tinrent	je **tiendrai** tu **tiendras** il **tiendra** n. **tiendrons** v. **tiendrez** ils **tiendront**

条件法	接続法		命令法	同型
現在	現在	半過去		
je payerais (paierais) tu payerais (*etc....*) il payerait n. payerions v. payeriez ils payeraient	je paye (paie) tu payes (paies) il paye (paie) n. payions v. payiez ils payent (paient)	je payasse tu payasses il payât n. payassions v. payassiez ils payassent	paie (paye) payons payez	[発音] je paye [ʒəpɛj], je paie [ʒəpɛ]; je payerai [ʒəpɛjre], je paierai [ʒəpɛre].
j' enverrais tu enverrais il enverrait n. enverrions v. enverriez ils enverraient	j' envoie tu envoies il envoie n. envoyions v. envoyiez ils envoient	j' envoyasse tu envoyasses il envoyât n. envoyassions v. envoyassiez ils envoyassent	envoie envoyons envoyez	注 未来，条・現を除いては，**13** と同じ． **renvoyer**
j' irais tu irais il irait n. irions v. iriez ils iraient	j' **aille** tu **ailles** il **aille** n. allions v. alliez ils **aillent**	j' allasse tu allasses il allât n. allassions v. allassiez ils allassent	**va** allons allez	注 y がつくとき命令法・現在は vas: vas-y. 直・現・3 人称複数に ont の語尾をもつものは他に ont(avoir), sont(être), font(faire) のみ．
je finirais tu finirais il finirait n. finirions v. finiriez ils finiraient	je finisse tu finisses il finisse n. finissions v. finissiez ils finissent	je finisse tu finisses il finît n. finissions v. finissiez ils finissent	finis finissons finissez	注 finir 型の動詞を第 2 群規則動詞という．
je partirais tu partirais il partirait n. partirions v. partiriez ils partiraient	je parte tu partes il parte n. partions v. partiez ils partent	je partisse tu partisses il partît n. partissions v. partissiez ils partissent	pars partons partez	注 助動詞は être． **sortir**
je sentirais tu sentirais il sentirait n. sentirions v. sentiriez ils sentiraient	je sente tu sentes il sente n. sentions v. sentiez ils sentent	je sentisse tu sentisses il sentît n. sentissions v. sentissiez ils sentissent	sens sentons sentez	注 **18** と助動詞を除けば同型．
je tiendrais tu tiendrais il tiendrait n. tiendrions v. tiendriez ils tiendraient	je tienne tu tiennes il tienne n. tenions v. teniez ils tiennent	je tinsse tu tinsses il tînt n. tinssions v. tinssiez ils tinssent	tiens tenons tenez	注 **venir 21** と同型，ただし，助動詞は avoir．

不定法 現在分詞 過去分詞	直説法			
	現在	半過去	単純過去	単純未来
21. venir *venant* *venu*	je **viens** tu **viens** il **vient** n. **venons** v. **venez** ils **viennent**	je venais tu venais il venait n. venions v. veniez ils venaient	je vins tu vins il vint n. vînmes v. vîntes ils vinrent	je **viendrai** tu **viendras** il **viendra** n. **viendrons** v. **viendrez** ils **viendront**
22. accueillir *accueillant* *accueilli*	j' **accueille** tu **accueilles** il **accueille** n. accueillons v. accueillez ils **accueillent**	j' accueillais tu accueillais il accueillait n. accueillions v. accueilliez ils accueillaient	j' accueillis tu accueillis il accueillit n. accueillîmes v. accueillîtes ils accueillirent	j' **accueillerai** tu **accueilleras** il **accueillera** n. **accueillerons** v. **accueillerez** ils **accueilleront**
23. ouvrir *ouvrant* *ouvert*	j' **ouvre** tu **ouvres** il **ouvre** n. ouvrons v. ouvrez ils ouvrent	j' ouvrais tu ouvrais il ouvrait n. ouvrions v. ouvriez ils ouvraient	j' ouvris tu ouvris il ouvrit n. ouvrîmes v. ouvrîtes ils ouvrirent	j' ouvrirai tu ouvriras il ouvrira n. ouvrirons v. ouvrirez ils ouvriront
24. courir *courant* *couru*	je cours tu cours il court n. courons v. courez ils courent	je courais tu courais il courait n. courions v. couriez ils couraient	je courus tu courus il courut n. courûmes v. courûtes ils coururent	je **courrai** tu **courras** il **courra** n. **courrons** v. **courrez** ils **courront**
25. mourir *mourant* *mort*	je meurs tu meurs il meurt n. mourons v. mourez ils meurent	je mourais tu mourais il mourait n. mourions v. mouriez ils mouraient	je mourus tu mourus il mourut n. mourûmes v. mourûtes ils moururent	je **mourrai** tu **mourras** il **mourra** n. **mourrons** v. **mourrez** ils **mourront**
26. acquérir *acquérant* *acquis*	j' acquiers tu acquiers il acquiert n. acquérons v. acquérez ils acquièrent	j' acquérais tu acquérais il acquérait n. acquérions v. acquériez ils acquéraient	j' acquis tu acquis il acquit n. acquîmes v. acquîtes ils acquirent	j' **acquerrai** tu **acquerras** il **acquerra** n. **acquerrons** v. **acquerrez** ils **acquerront**
27. fuir *fuyant* *fui*	je fuis tu fuis il fuit n. fuyons v. fuyez ils fuient	je fuyais tu fuyais il fuyait n. fuyions v. fuyiez ils fuyaient	je fuis tu fuis il fuit n. fuîmes v. fuîtes ils fuirent	je fuirai tu fuiras il fuira n. fuirons v. fuirez ils fuiront

条件法	接続法		命令法	同型
現在	現在	半過去		
je viendrais tu viendrais il viendrait n. viendrions v. viendriez ils viendraient	je vienne tu viennes il vienne n. venions v. veniez ils viennent	je vinsse tu vinsses il vînt n. vinssions v. vinssiez ils vinssent	viens venons venez	注 助動詞は être. **devenir** **intervenir** **prévenir** **revenir** **(se) souvenir**
j' accueillerais tu accueillerais il accueillerait n. accueillerions v. accueilleriez ils accueilleraient	j' accueille tu accueilles il accueille n. accueillions v. accueilliez ils accueillent	j' accueillisse tu accueillisses il accueillît n. accueillissions v. accueillissiez ils accueillissent	**accueille** accueillons accueillez	**cueillir**
j' ouvrirais tu ouvrirais il ouvrirait n. ouvririons v. ouvririez ils ouvriraient	j' ouvre tu ouvres il ouvre n. ouvrions v. ouvriez ils ouvrent	j' ouvrisse tu ouvrisses il ouvrît n. ouvrissions v. ouvrissiez ils ouvrissent	**ouvre** ouvrons ouvrez	**couvrir** **découvrir** **offrir** **souffrir**
je courrais tu courrais il courrait n. courrions v. courriez ils courraient	je coure tu coures il coure n. courions v. couriez ils courent	je courusse tu courusses il courût n. courussions v. courussiez ils courussent	cours courons courez	**accourir**
je mourrais tu mourrais il mourrait n. mourrions v. mourriez ils mourraient	je meure tu meures il meure n. mourions v. mouriez ils meurent	je mourusse tu mourusses il mourût n. mourussions v. mourussiez ils mourussent	meurs mourons mourez	注 助動詞は être.
j' acquerrais tu acquerrais il acquerrait n. acquerrions v. acquerriez ils acquerraient	j' acquière tu acquières il acquière n. acquérions v. acquériez ils acquièrent	j' acquisse tu acquisses il acquît n. acquissions v. acquissiez ils acquissent	acquiers acquérons acquérez	**conquérir**
je fuirais tu fuirais il fuirait n. fuirions v. fuiriez ils fuiraient	je fuie tu fuies il fuie n. fuyions v. fuyiez ils fuient	je fuisse tu fuisses il fuît n. fuissions v. fuissiez ils fuissent	fuis fuyons fuyez	**s'enfuir**

不定法 現在分詞 過去分詞	直説法			
	現在	半過去	単純過去	単純未来
28. rendre *rendant* *rendu*	je rends tu rends il **rend** n. rendons v. rendez ils rendent	je rendais tu rendais il rendait n. rendions v. rendiez ils rendaient	je rendis tu rendis il rendit n. rendîmes v. rendîtes ils rendirent	je rendrai tu rendras il rendra n. rendrons v. rendrez ils rendront
29. prendre *prenant* *pris*	je prends tu prends il **prend** n. prenons v. prenez ils prennent	je prenais tu prenais il prenait n. prenions v. preniez ils prenaient	je pris tu pris il prit n. prîmes v. prîtes ils prirent	je prendrai tu prendras il prendra n. prendrons v. prendrez ils prendront
30. craindre *craignant* *craint*	je crains tu crains il craint n. craignons v. craignez ils craignent	je craignais tu craignais il craignait n. craignions v. craigniez ils craignaient	je craignis tu craignis il craignit n. craignîmes v. craignîtes ils craignirent	je craindrai tu craindras il craindra n. craindrons v. craindrez ils craindront
31. faire *faisant* *fait*	je fais tu fais il fait n. faisons v. **faites** ils **font**	je faisais tu faisais il faisait n. faisions v. faisiez ils faisaient	je fis tu fis il fit n. fîmes v. fîtes ils firent	je **ferai** tu **feras** il **fera** n. **ferons** v. **ferez** ils **feront**
32. dire *disant* *dit*	je dis tu dis il dit n. disons v. **dites** ils disent	je disais tu disais il disait n. disions v. disiez ils disaient	je dis tu dis il dit n. dîmes v. dîtes ils dirent	je dirai tu diras il dira n. dirons v. direz ils diront
33. lire *lisant* *lu*	je lis tu lis il lit n. lisons v. lisez ils lisent	je lisais tu lisais il lisait n. lisions v. lisiez ils lisaient	je lus tu lus il lut n. lûmes v. lûtes ils lurent	je lirai tu liras il lira n. lirons v. lirez ils liront
34. suffire *suffisant* *suffi*	je suffis tu suffis il suffit n. suffisons v. suffisez ils suffisent	je suffisais tu suffisais il suffisait n. suffisions v. suffisiez ils suffisaient	je suffis tu suffis il suffit n. suffîmes v. suffîtes ils suffirent	je suffirai tu suffiras il suffira n. suffirons v. suffirez ils suffiront

条件法	接続法		命令法	同型
現在	現在	半過去		
je rendrais tu rendrais il rendrait n. rendrions v. rendriez ils rendraient	je rende tu rendes il rende n. rendions v. rendiez ils rendent	je rendisse tu rendisses il rendît n. rendissions v. rendissiez ils rendissent	rends rendons rendez	**attendre** **descendre** **entendre** **pendre** **perdre** **répandre** **répondre** **vendre**
je prendrais tu prendrais il prendrait n. prendrions v. prendriez ils prendraient	je prenne tu prennes il prenne n. prenions v. preniez ils prennent	je prisse tu prisses il prît n. prissions v. prissiez ils prissent	prends prenons prenez	**apprendre** **comprendre** **entreprendre** **reprendre** **surprendre**
je craindrais tu craindrais il craindrait n. craindrions v. craindriez ils craindraient	je craigne tu craignes il craigne n. craignions v. craigniez ils craignent	je craignisse tu craignisses il craignît n. craignissions v. craignissiez ils craignissent	crains craignons craignez	**atteindre** **éteindre** **joindre** **peindre** **plaindre**
je ferais tu ferais il ferait n. ferions v. feriez ils feraient	je **fasse** tu **fasses** il **fasse** n. **fassions** v. **fassiez** ils **fassent**	je fisse tu fisses il fît n. fissions v. fissiez ils fissent	fais faisons **faites**	**défaire** **refaire** **satisfaire** 注fais-[f(ə)z-]
je dirais tu dirais il dirait n. dirions v. diriez ils diraient	je dise tu dises il dise n. disions v. disiez ils disent	je disse tu disses il dît n. dissions v. dissiez ils dissent	dis disons **dites**	**redire**
je lirais tu lirais il lirait n. lirions v. liriez ils liraient	je lise tu lises il lise n. lisions v. lisiez ils lisent	je lusse tu lusses il lût n. lussions v. lussiez ils lussent	lis lisons lisez	**relire** **élire**
je suffirais tu suffirais il suffirait n. suffirions v. suffiriez ils suffiraient	je suffise tu suffises il suffise n. suffisions v. suffisiez ils suffisent	je suffisse tu suffisses il suffît n. suffissions v. suffissiez ils suffissent	suffis suffisons suffisez	

不定法 現在分詞 過去分詞	直説法			
	現在	半過去	単純過去	単純未来
35. conduire *conduisant* *conduit*	je conduis tu conduis il conduit n. conduisons v. conduisez ils conduisent	je conduisais tu conduisais il conduisait n. conduisions v. conduisiez ils conduisaient	je conduisis tu conduisis il conduisit n. conduisîmes v. conduisîtes ils conduisirent	je conduirai tu conduiras il conduira n. conduirons v. conduirez ils conduiront
36. plaire *plaisant* *plu*	je plais tu plais il **plaît** n. plaisons v. plaisez ils plaisent	je plaisais tu plaisais il plaisait n. plaisions v. plaisiez ils plaisaient	je plus tu plus il plut n. plûmes v. plûtes ils plurent	je plairai tu plairas il plaira n. plairons v. plairez ils plairont
37. coudre *cousant* *cousu*	je couds tu couds il coud n. cousons v. cousez ils cousent	je cousais tu cousais il cousait n. cousions v. cousiez ils cousaient	je cousis tu cousis il cousit n. cousîmes v. cousîtes ils cousirent	je coudrai tu coudras il coudra n. coudrons v. coudrez ils coudront
38. suivre *suivant* *suivi*	je suis tu suis il suit n. suivons v. suivez ils suivent	je suivais tu suivais il suivait n. suivions v. suiviez ils suivaient	je suivis tu suivis il suivit n. suivîmes v. suivîtes ils suivirent	je suivrai tu suivras il suivra n. suivrons v. suivrez ils suivront
39. vivre *vivant* *vécu*	je vis tu vis il vit n. vivons v. vivez ils vivent	je vivais tu vivais il vivait n. vivions v. viviez ils vivaient	je vécus tu vécus il vécut n. vécûmes v. vécûtes ils vécurent	je vivrai tu vivras il vivra n. vivrons v. vivrez ils vivront
40. écrire *écrivant* *écrit*	j' écris tu écris il écrit n. écrivons v. écrivez ils écrivent	j' écrivais tu écrivais il écrivait n. écrivions v. écriviez ils écrivaient	j' écrivis tu écrivis il écrivit n. écrivîmes v. écrivîtes ils écrivirent	j' écrirai tu écriras il écrira n. écrirons v. écrirez ils écriront
41. boire *buvant* *bu*	je bois tu bois il boit n. buvons v. buvez ils boivent	je buvais tu buvais il buvait n. buvions v. buviez ils buvaient	je bus tu bus il but n. bûmes v. bûtes ils burent	je boirai tu boiras il boira n. boirons v. boirez ils boiront

条件法	接続法		命令法	同型
現在	現在	半過去		
je conduirais tu conduirais il conduirait n. conduirions v. conduiriez ils conduiraient	je conduise tu conduises il conduise n. conduisions v. conduisiez ils conduisent	je conduisisse tu conduisisses il conduisît n. conduisissions v. conduisissiez ils conduisissent	conduis conduisons conduisez	**construire** **cuire** **détruire** **instruire** **introduire** **produire** **traduire**
je plairais tu plairais il plairait n. plairions v. plairiez ils plairaient	je plaise tu plaises il plaise n. plaisions v. plaisiez ils plaisent	je plusse tu plusses il plût n. plussions v. plussiez ils plussent	plais plaisons plaisez	**déplaire** **(se) taire** （ただし il se tait）
je coudrais tu coudrais il coudrait n. coudrions v. coudriez ils coudraient	je couse tu couses il couse n. cousions v. cousiez ils cousent	je cousisse tu cousisses il cousît n. cousissions v. cousissiez ils cousissent	couds cousons cousez	
je suivrais tu suivrais il suivrait n. suivrions v. suivriez ils suivraient	je suive tu suives il suive n. suivions v. suiviez ils suivent	je suivisse tu suivisses il suivît n. suivissions v. suivissiez ils suivissent	suis suivons suivez	**poursuivre**
je vivrais tu vivrais il vivrait n. vivrions v. vivriez ils vivraient	je vive tu vives il vive n. vivions v. viviez ils vivent	je vécusse tu vécusses il vécût n. vécussions v. vécussiez ils vécussent	vis vivons vivez	
j' écrirais tu écrirais il écrirait n. écririons v. écririez ils écriraient	j' écrive tu écrives il écrive n. écrivions v. écriviez ils écrivent	j' écrivisse tu écrivisses il écrivît n. écrivissions v. écrivissiez ils écrivissent	écris écrivons écrivez	**décrire** **inscrire**
je boirais tu boirais il boirait n. boirions v. boiriez ils boiraient	je boive tu boives il boive n. buvions v. buviez ils boivent	je busse tu busses il bût n. bussions v. bussiez ils bussent	bois buvons buvez	

不定法 現在分詞 過去分詞	直説法			
	現在	半過去	単純過去	単純未来
42. **résoudre** *résolvant* *résolu*	je résous tu résous il résout n. résolvons v. résolvez ils résolvent	je résolvais tu résolvais il résolvait n. résolvions v. résolviez ils résolvaient	je résolus tu résolus il résolut n. résolûmes v. résolûtes ils résolurent	je résoudrai tu résoudras il résoudra n. résoudrons v. résoudrez ils résoudront
43. **connaître** *connaissant* *connu*	je connais tu connais il **connaît** n. connaissons v. connaissez ils connaissent	je connaissais tu connaissais il connaissait n. connaissions v. connaissiez ils connaissaient	je connus tu connus il connut n. connûmes v. connûtes ils connurent	je connaîtrai tu connaîtras il connaîtra n. connaîtrons v. connaîtrez ils connaîtront
44. **naître** *naissant* *né*	je nais tu nais il **naît** n. naissons v. naissez ils naissent	je naissais tu naissais il naissait n. naissions v. naissiez ils naissaient	je naquis tu naquis il naquit n. naquîmes v. naquîtes ils naquirent	je naîtrai tu naîtras il naîtra n. naîtrons v. naîtrez ils naîtront
45. **croire** *croyant* *cru*	je crois tu crois il croit n. croyons v. croyez ils croient	je croyais tu croyais il croyait n. croyions v. croyiez ils croyaient	je crus tu crus il crut n. crûmes v. crûtes ils crurent	je croirai tu croiras il croira n. croirons v. croirez ils croiront
46. **battre** *battant* *battu*	je bats tu bats il **bat** n. battons v. battez ils battent	je battais tu battais il battait n. battions v. battiez ils battaient	je battis tu battis il battit n. battîmes v. battîtes ils battirent	je battrai tu battras il battra n. battrons v. battrez ils battront
47. **mettre** *mettant* *mis*	je mets tu mets il **met** n. mettons v. mettez ils mettent	je mettais tu mettais il mettait n. mettions v. mettiez ils mettaient	je mis tu mis il mit n. mîmes v. mîtes ils mirent	je mettrai tu mettras il mettra n. mettrons v. mettrez ils mettront
48. **rire** *riant* *ri*	je ris tu ris il rit n. rions v. riez ils rient	je riais tu riais il riait n. riions v. riiez ils riaient	je ris tu ris il rit n. rîmes v. rîtes ils rirent	je rirai tu riras il rira n. rirons v. rirez ils riront

条件法	接続法		命令法	同型
現在	現在	半過去		
je résoudrais tu résoudrais il résoudrait n. résoudrions v. résoudriez ils résoudraient	je résolve tu résolves il résolve n. résolvions v. résolviez ils résolvent	je résolusse tu résolusses il résolût n. résolussions v. résolussiez ils résolussent	résous résolvons résolvez	
je connaîtrais tu connaîtrais il connaîtrait n. connaîtrions v. connaîtriez ils connaîtraient	je connaisse tu connaisses il connaisse n. connaissions v. connaissiez ils connaissent	je connusse tu connusses il connût n. connussions v. connussiez ils connussent	connais connaissons connaissez	注 t の前にくるとき i→î. **apparaître** **disparaître** **paraître** **reconnaître**
je naîtrais tu naîtrais il naîtrait n. naîtrions v. naîtriez ils naîtraient	je naisse tu naisses il naisse n. naissions v. naissiez ils naissent	je naquisse tu naquisses il naquît n. naquissions v. naquissiez ils naquissent	nais naissons naissez	注 t の前にくるとき i→î. 助動詞はêtre.
je croirais tu croirais il croirait n. croirions v. croiriez ils croiraient	je croie tu croies il croie n. croyions v. croyiez ils croient	je crusse tu crusses il crût n. crussions v. crussiez ils crussent	crois croyons croyez	
je battrais tu battrais il battrait n. battrions v. battriez ils battraient	je batte tu battes il batte n. battions v. battiez ils battent	je battisse tu battisses il battît n. battissions v. battissiez ils battissent	bats battons battez	**abattre** **combattre**
je mettrais tu mettrais il mettrait n. mettrions v. mettriez ils mettraient	je mette tu mettes il mette n. mettions v. mettiez ils mettent	je misse tu misses il mît n. missions v. missiez ils missent	mets mettons mettez	**admettre** **commettre** **permettre** **promettre** **remettre**
je rirais tu rirais il rirait n. ririons v. ririez ils riraient	je rie tu ries il rie n. riions v. riiez ils rient	je risse tu risses il rît n. rissions v. rissiez ils rissent	ris rions riez	**sourire**

不定法 現在分詞 過去分詞	直説法			
	現在	半過去	単純過去	単純未来
49. conclure *concluant* *conclu*	je conclus tu conclus il conclut n. concluons v. concluez ils concluent	je concluais tu concluais il concluait n. concluions v. concluiez ils concluaient	je conclus tu conclus il conclut n. conclûmes v. conclûtes ils conclurent	je conclurai tu concluras il conclura n. conclurons v. conclurez ils concluront
50. rompre *rompant* *rompu*	je romps tu romps il rompt n. rompons v. rompez ils rompent	je rompais tu rompais il rompait n. rompions v. rompiez ils rompaient	je rompis tu rompis il rompit n. rompîmes v. rompîtes ils rompirent	je romprai tu rompras il rompra n. romprons v. romprez ils rompront
51. vaincre *vainquant* *vaincu*	je vaincs tu vaincs il **vainc** n. vainquons v. vainquez ils vainquent	je vainquais tu vainquais il vainquait n. vainquions v. vainquiez ils vainquaient	je vainquis tu vainquis il vainquit n. vainquîmes v. vainquîtes ils vainquirent	je vaincrai tu vaincras il vaincra n. vaincrons v. vaincrez ils vaincront
52. recevoir *recevant* *reçu*	je reçois tu reçois il reçoit n. recevons v. recevez ils reçoivent	je recevais tu recevais il recevait n. recevions v. receviez ils recevaient	je reçus tu reçus il reçut n. reçûmes v. reçûtes ils reçurent	je **recevrai** tu **recevras** il **recevra** n. **recevrons** v. **recevrez** ils **recevront**
53. devoir *devant* *dû* (due, dus, dues)	je dois tu dois il doit n. devons v. devez ils doivent	je devais tu devais il devait n. devions v. deviez ils devaient	je dus tu dus il dut n. dûmes v. dûtes ils durent	je **devrai** tu **devras** il **devra** n. **devrons** v. **devrez** ils **devront**
54. pouvoir *pouvant* *pu*	je **peux (puis)** tu **peux** il peut n. pouvons v. pouvez ils peuvent	je pouvais tu pouvais il pouvait n. pouvions v. pouviez ils pouvaient	je pus tu pus il put n. pûmes v. pûtes ils purent	je **pourrai** tu **pourras** il **pourra** n. **pourrons** v. **pourrez** ils **pourront**
55. émouvoir *émouvant* *ému*	j' émeus tu émeus il émeut n. émouvons v. émouvez ils émeuvent	j' émouvais tu émouvais il émouvait n. émouvions v. émouviez ils émouvaient	j' émus tu émus il émut n. émûmes v. émûtes ils émurent	j' **émouvrai** tu **émouvras** il **émouvra** n. **émouvrons** v. **émouvrez** ils **émouvront**

条件法	接続法		命令法	同型
現在	現在	半過去		
je conclurais tu conclurais il conclurait n. conclurions v. concluriez ils concluraient	je conclue tu conclues il conclue n. concluions v. concluiez ils concluent	je conclusse tu conclusses il conclût n. conclussions v. conclussiez ils conclussent	conclus concluons concluez	
je romprais tu romprais il romprait n. romprions v. rompriez ils rompraient	je rompe tu rompes il rompe n. rompions v. rompiez ils rompent	je rompisse tu rompisses il rompît n. rompissions v. rompissiez ils rompissent	romps rompons rompez	**interrompre**
je vaincrais tu vaincrais il vaincrait n. vaincrions v. vaincriez ils vaincraient	je vainque tu vainques il vainque n. vainquions v. vainquiez ils vainquent	je vainquisse tu vainquisses il vainquît n. vainquissions v. vainquissiez ils vainquissent	vaincs vainquons vainquez	**convaincre**
je recevrais tu recevrais il recevrait n. recevrions v. recevriez ils recevraient	je reçoive tu reçoives il reçoive n. recevions v. receviez ils reçoivent	je reçusse tu reçusses il reçût n. reçussions v. reçussiez ils reçussent	reçois recevons recevez	**apercevoir** **concevoir**
je devrais tu devrais il devrait n. devrions v. devriez ils devraient	je doive tu doives il doive n. devions v. deviez ils doivent	je dusse tu dusses il dût n. dussions v. dussiez ils dussent	dois devons devez	注命令法はほとんど用いられない.
je pourrais tu pourrais il pourrait n. pourrions v. pourriez ils pourraient	je **puisse** tu **puisses** il **puisse** n. **puissions** v. **puissiez** ils **puissent**	je pusse tu pusses il pût n. pussions v. pussiez ils pussent		注命令法はない.
j' émouvrais tu émouvrais il émouvrait n. émouvrions v. émouvriez ils émouvraient	j' émeuve tu émeuves il émeuve n. émouvions v. émouviez ils émeuvent	j' émusse tu émusses il émût n. émussions v. émussiez ils émussent	émeus émouvons émouvez	**mouvoir** ただし過去分詞は mû (mue, mus, mues)

不定法 現在分詞 過去分詞	直説法			
	現在	半過去	単純過去	単純未来
56. savoir *sachant* *su*	je sais tu sais il sait n. savons v. savez ils savent	je savais tu savais il savait n. savions v. saviez ils savaient	je sus tu sus il sut n. sûmes v. sûtes ils surent	je **saurai** tu **sauras** il **saura** n. **saurons** v. **saurez** ils **sauront**
57. voir *voyant* *vu*	je vois tu vois il voit n. voyons v. voyez ils voient	je voyais tu voyais il voyait n. voyions v. voyiez ils voyaient	je vis tu vis il vit n. vîmes v. vîtes ils virent	je **verrai** tu **verras** il **verra** n. **verrons** v. **verrez** ils **verront**
58. vouloir *voulant* *voulu*	je **veux** tu **veux** il veut n. voulons v. voulez ils veulent	je voulais tu voulais il voulait n. voulions v. vouliez ils voulaient	je voulus tu voulus il voulut n. voulûmes v. voulûtes ils voulurent	je **voudrai** tu **voudras** il **voudra** n. **voudrons** v. **voudrez** ils **voudront**
59. valoir *valant* *valu*	je **vaux** tu **vaux** il vaut n. valons v. valez ils valent	je valais tu valais il valait n. valions v. valiez ils valaient	je valus tu valus il valut n. valûmes v. valûtes ils valurent	je **vaudrai** tu **vaudras** il **vaudra** n. **vaudrons** v. **vaudrez** ils **vaudront**
60. s'asseoir *s'asseyant*[1] *assis*	je m'assieds[1] tu t'assieds il **s'assied** n. n. asseyons v. v. asseyez ils s'asseyent	je m'asseyais[1] tu t'asseyais il s'asseyait n. n. asseyions v. v. asseyiez ils s'asseyaient	je m'assis tu t'assis il s'assit n. n. assîmes v. v. assîtes ils s'assirent	je m'**assiérai**[1] tu t'**assiéras** il s'**assiéra** n. n. **assiérons** v. v. **assiérez** ils s'**assiéront**
s'assoyant[2]	je m'assois[2] tu t'assois il s'assoit n. n. assoyons v. v. assoyez ils s'assoient	je m'assoyais[2] tu t'assoyais il s'assoyait n. n. assoyions v. v. assoyiez ils s'assoyaient		je m'**assoirai**[2] tu t'**assoiras** il s'**assoira** n. n. **assoirons** v. v. **assoirez** ils s'**assoiront**
61. pleuvoir *pleuvant* *plu*	il pleut	il pleuvait	il plut	il **pleuvra**
62. falloir *fallu*	il faut	il fallait	il fallut	il **faudra**

条件法	接続法		命令法	同型
現在	現在	半過去		
je saurais tu saurais il saurait n. saurions v. sauriez ils sauraient	je **sache** tu **saches** il **sache** n. **sachions** v. **sachiez** ils **sachent**	je susse tu susses il sût n. sussions v. sussiez ils sussent	**sache** **sachons** **sachez**	
je verrais tu verrais il verrait n. verrions v. verriez ils verraient	je voie tu voies il voie n. voyions v. voyiez ils voient	je visse tu visses il vît n. vissions v. vissiez ils vissent	vois voyons voyez	**revoir**
je voudrais tu voudrais il voudrait n. voudrions v. voudriez ils voudraient	je **veuille** tu **veuilles** il **veuille** n. voulions v. vouliez ils **veuillent**	je voulusse tu voulusses il voulût n. voulussions v. voulussiez ils voulussent	**veuille** **veuillons** **veuillez**	
je vaudrais tu vaudrais il vaudrait n. vaudrions v. vaudriez ils vaudraient	je **vaille** tu **vailles** il **vaille** n. valions v. valiez ils **vaillent**	je valusse tu valusses il valût n. valussions v. valussiez ils valussent		注命令法はほとんど用いられない.
je m'assiérais[(1)] tu t'assiérais il s'assiérait n. n. assiérions v. v. assiériez ils s'assiéraient	je m'asseye[(1)] tu t'asseyes il s'asseye n. n. asseyions v. v. asseyiez ils s'asseyent	j' m'assisse tu t'assisses il s'assît n. n. assissions v. v. assissiez ils s'assissent	assieds-toi[(1)] asseyons-nous asseyez-vous	注時称により2種の活用があるが, (1)は古来の活用で, (2)は俗語調である. (1)の方が多く使われる.
je m'assoirais[(2)] tu t'assoirais il s'assoirait n. n. assoirions v. v. assoiriez ils s'assoiraient	je m'assoie[(2)] tu t'assoies il s'assoie n. n. assoyions v. v. assoyiez ils s'assoient		assois-toi[(2)] assoyons-nous assoyez-vous	
il pleuvrait	il pleuve	il plût		注命令法はない.
il faudrait	il **faille**	il fallût		注命令法・現在分詞はない.

はじめに

健康診断の結果、「コレステロール値が高い」「中性脂肪値が高い」といわれても、症状がないので、ピンとこない人が多いのではないでしょうか。

コレステロールも中性脂肪も血液中に含まれる脂質で、コレステロールは体をつくるうえで欠かせない材料のひとつ、中性脂肪は体のエネルギー源として利用されるものです。悪者のように思われていますが、本来はそうではありません。ただ、食生活など生活習慣の乱れが続き、血中脂質のバランスがくずれると、このふたつの値が高くなってしまいます。そのままにしていると、動脈硬化が進みやすく、血流が悪くなったり、血管が詰まりやすくなったりしてしまうことが問題なのです。

コレステロール値、中性脂肪値とも、薬に頼らずに、食事や運動といった生活習慣の改善でよくなることが少なくありません。コレステロール値は摂取する飽和脂肪（酸）やコレステロールの量を抑える、中性脂肪値は適切な摂取エネルギー量を守り、糖質をとりすぎない食生活にするとよくなります。しかし、これらを考慮しながら毎日の食事をバランスよく作るのは、なかなか大変です。

本書では、「適正エネルギー摂取量を守る」「主食を一定量にする」「余分な油を使わず、コレステロール値や中性脂肪値を抑える効果がある食材がとれる」レシピを紹介しています。どのレシピもエネルギー、脂質、塩分は控えめですが、ごはんや肉、スイーツを楽しむことができます。血管を守り、健康で長生きするためにも、コレステロール値や中性脂肪値の改善を始めましょう。

千葉大学大学院教授　横手幸太郎